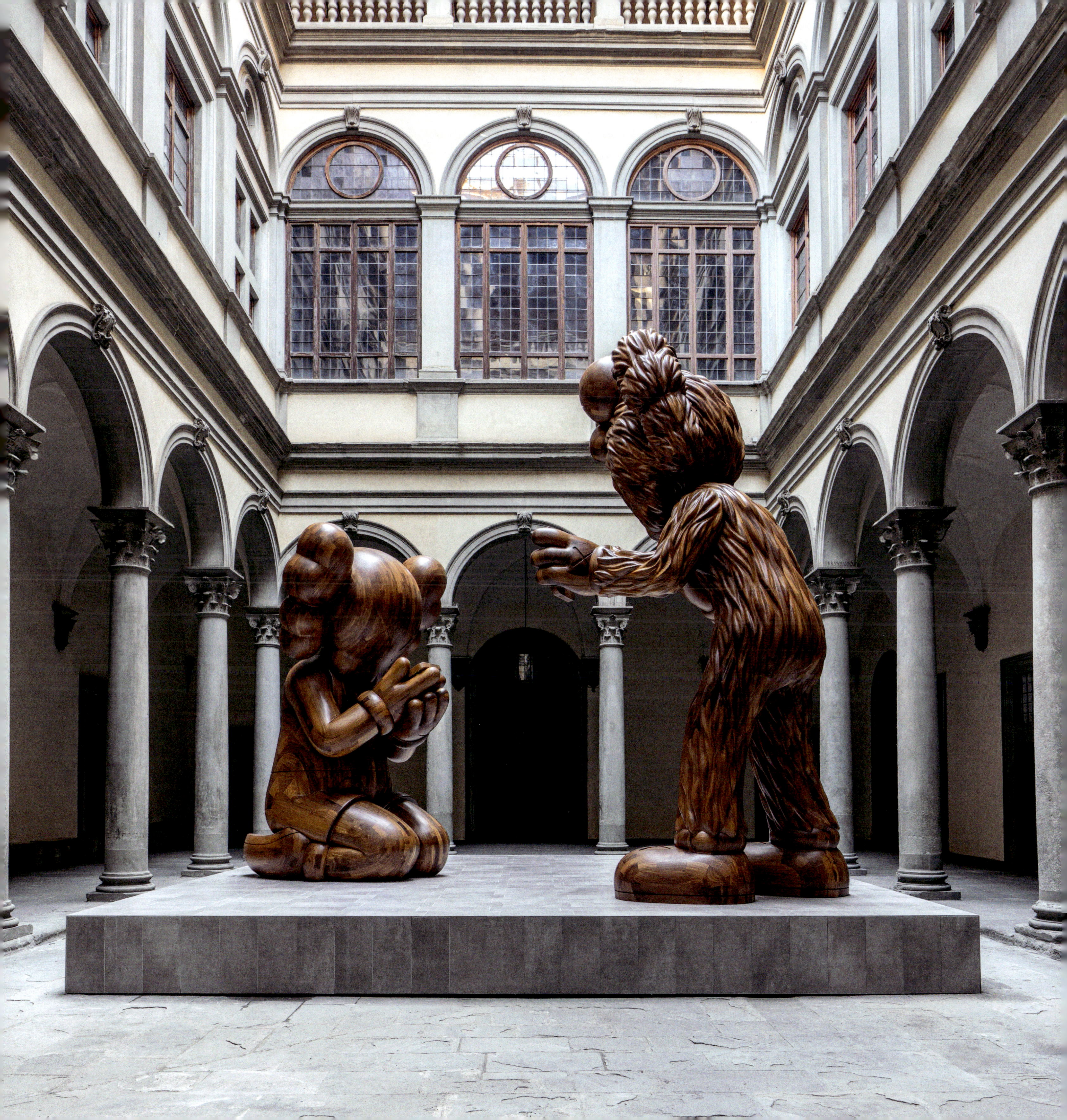

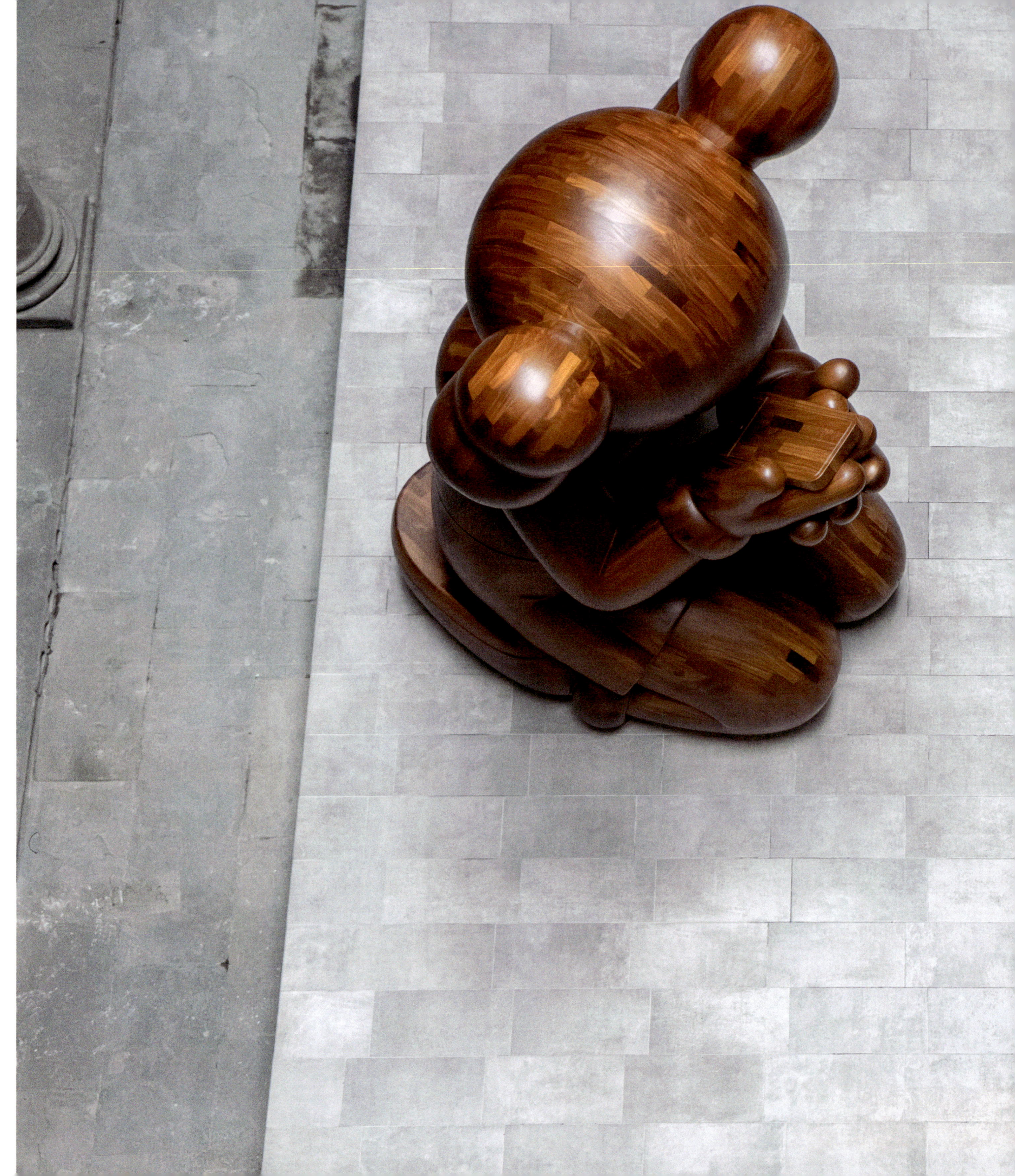

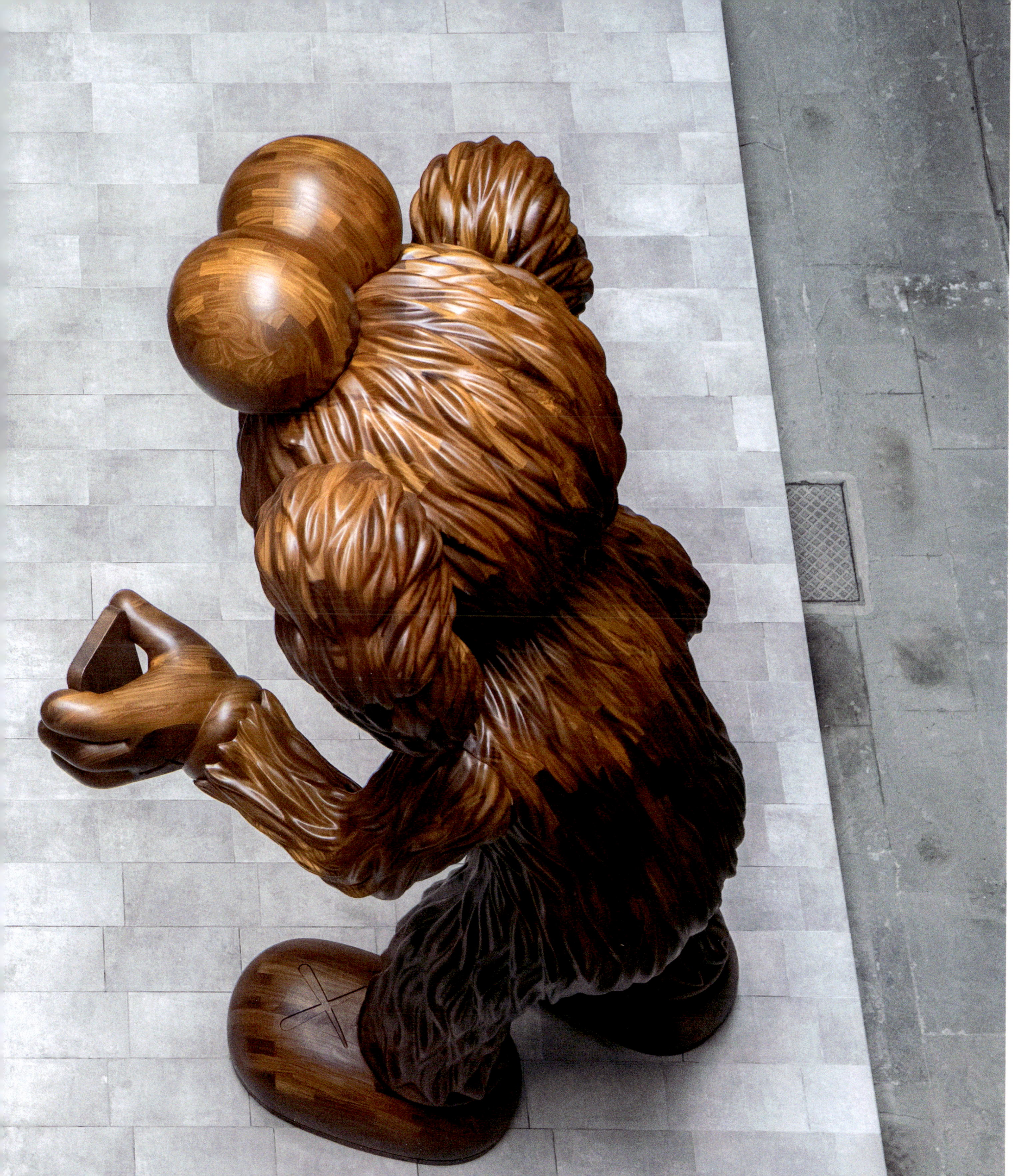

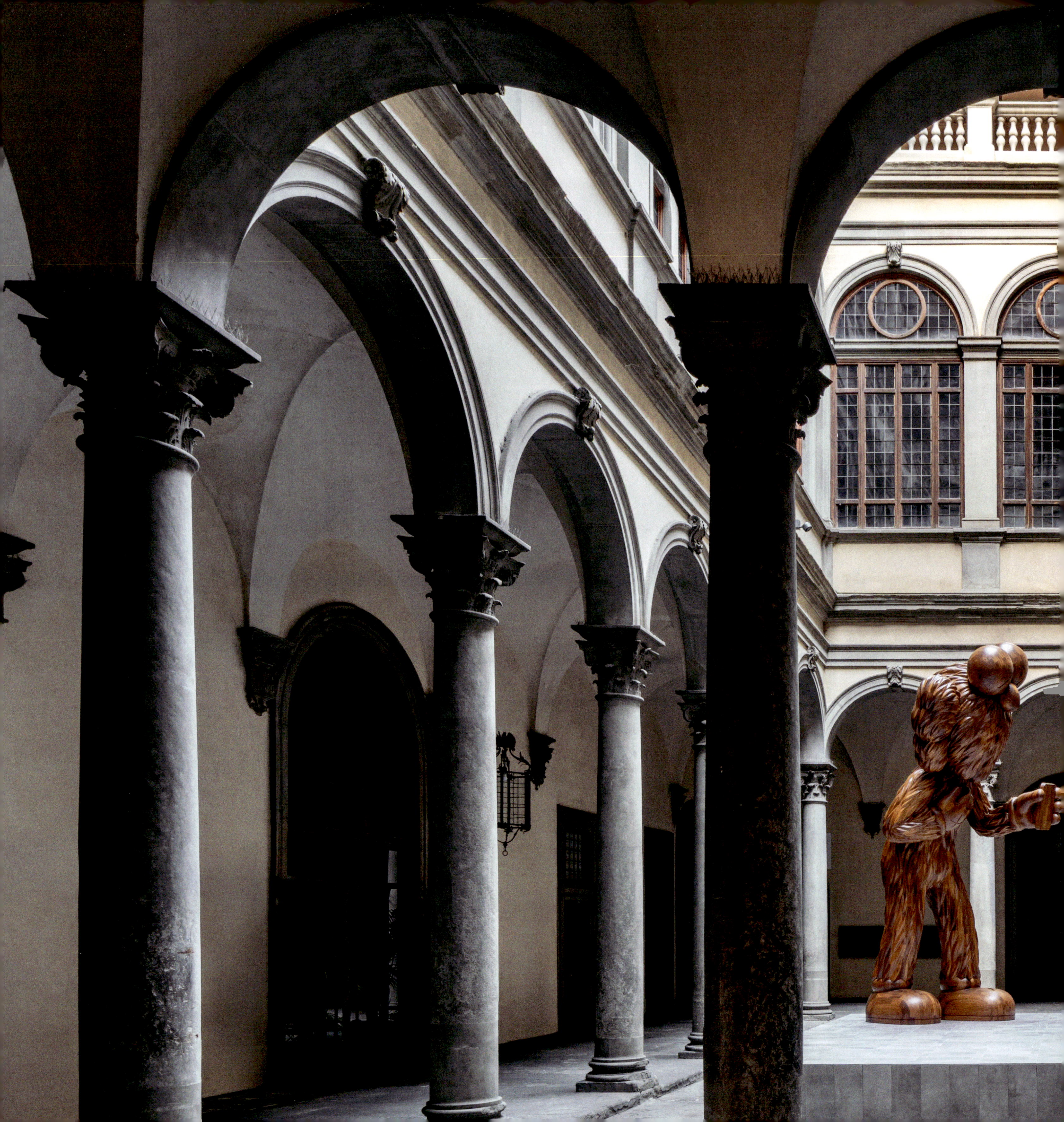

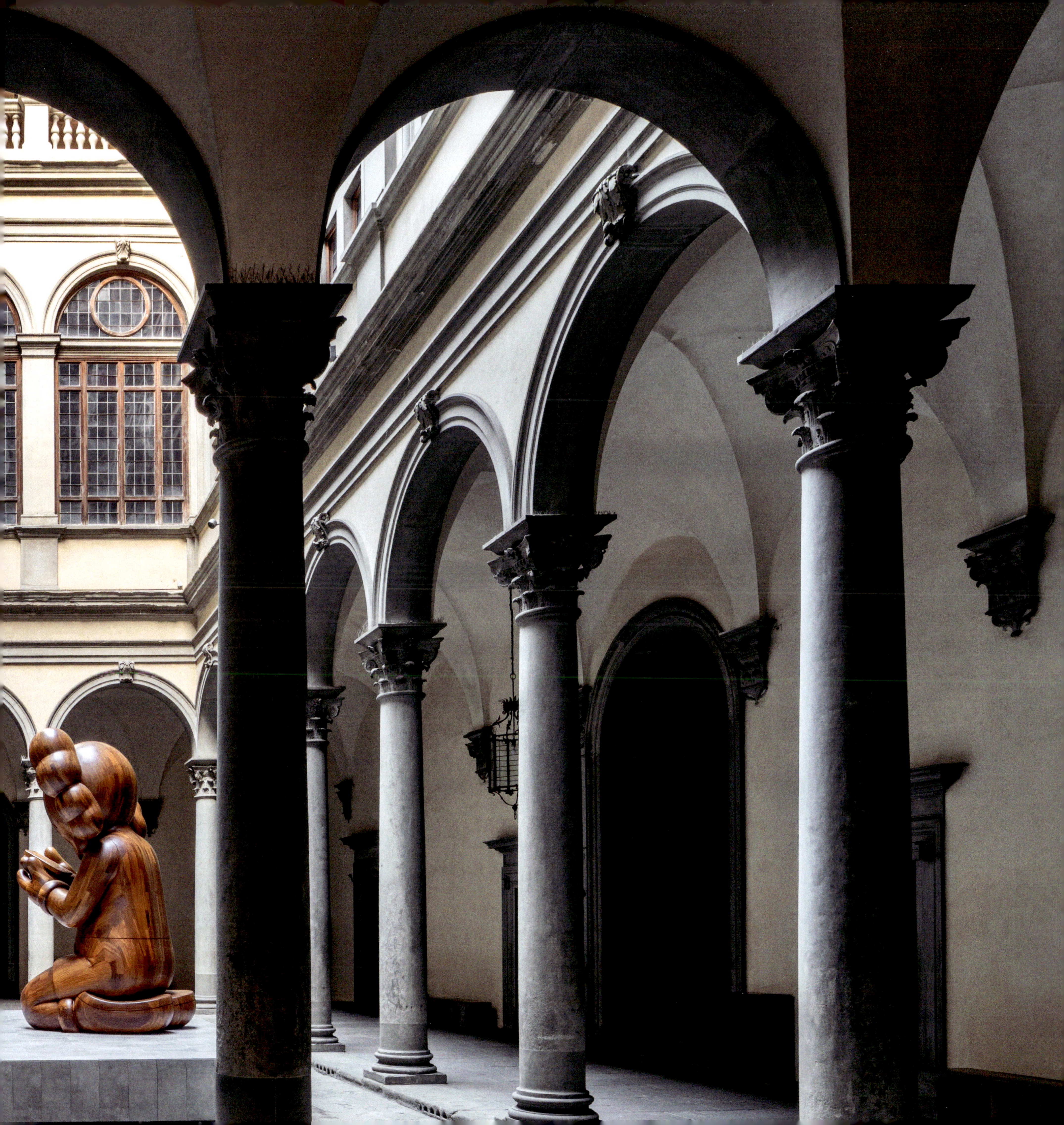

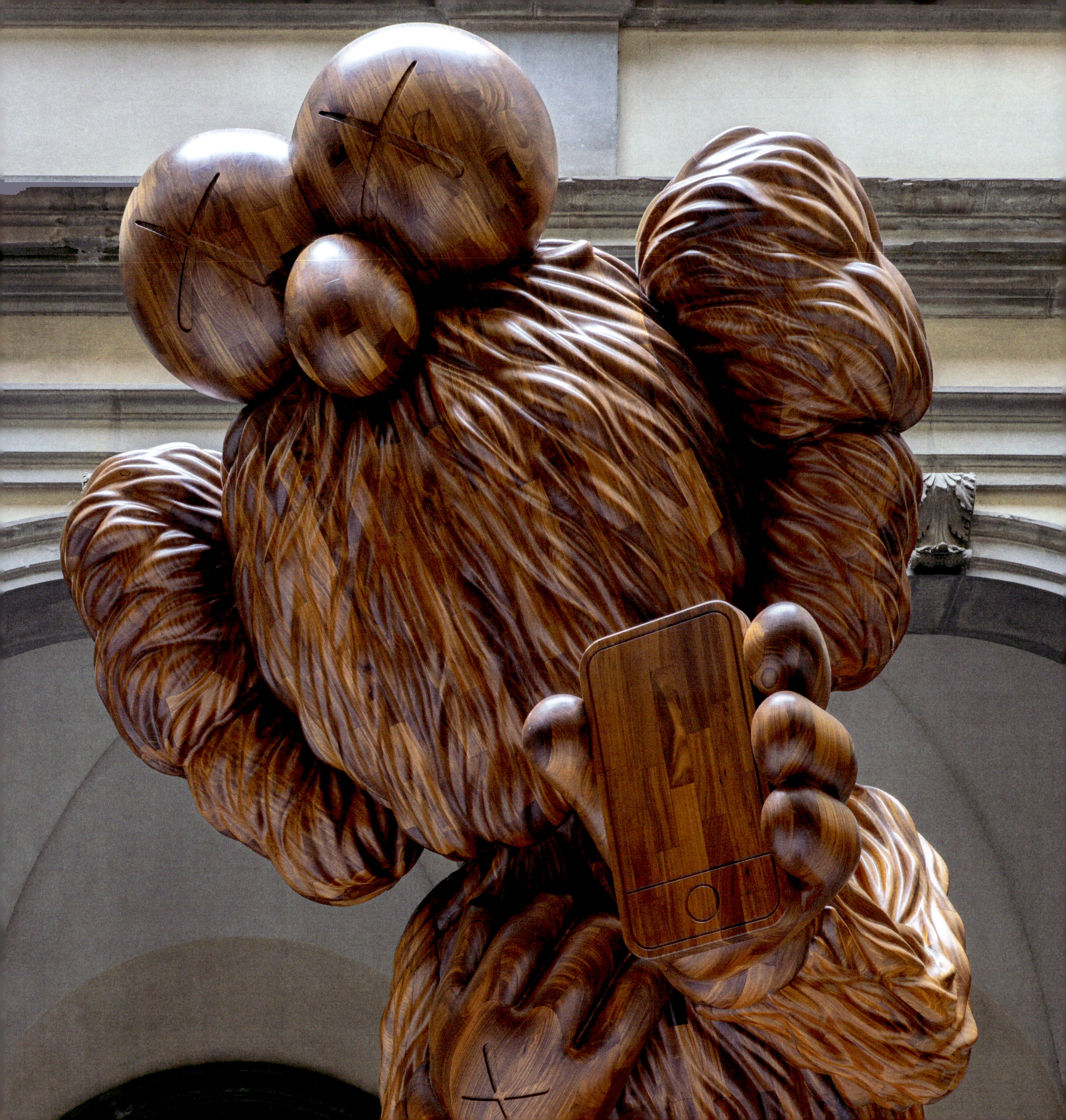

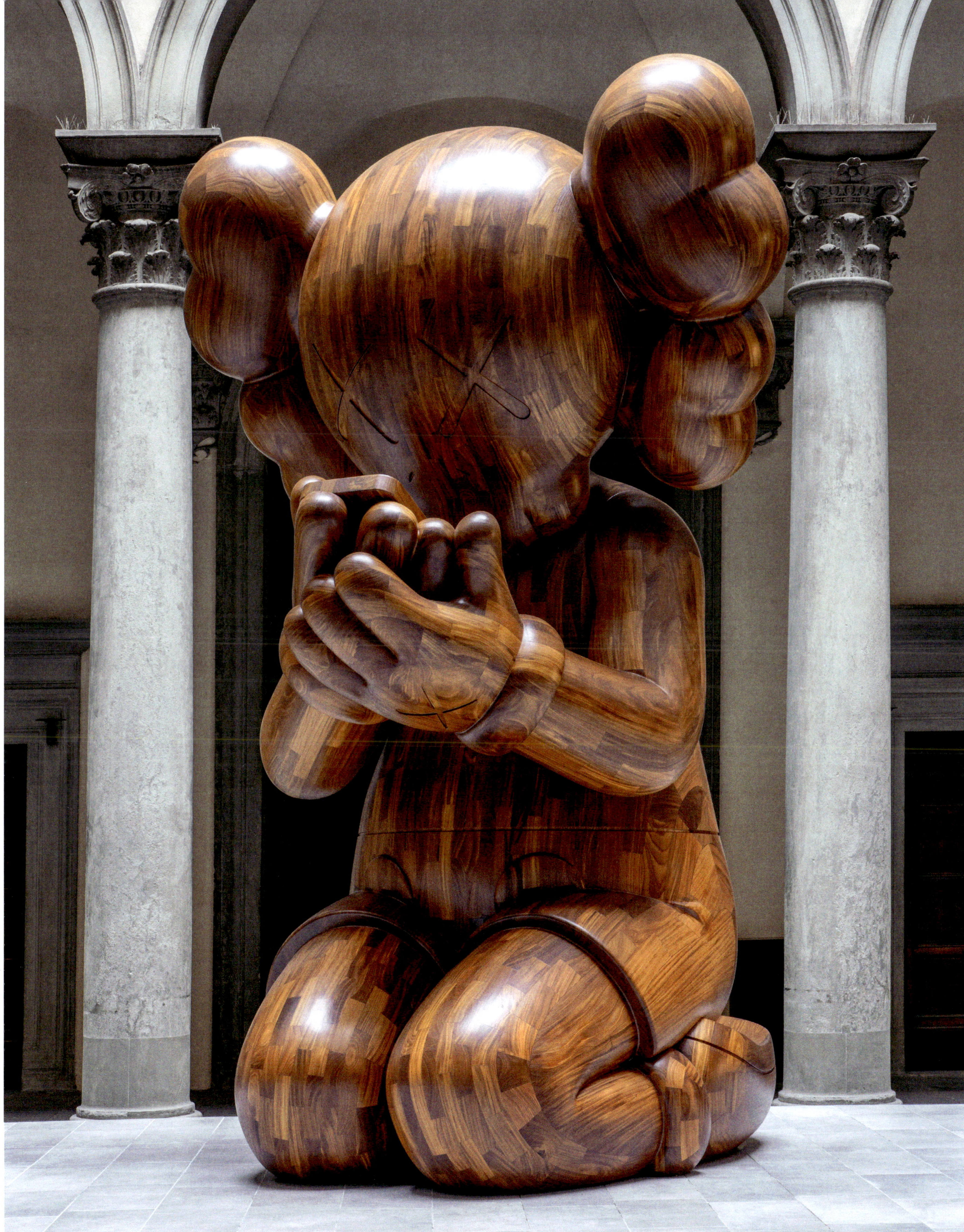

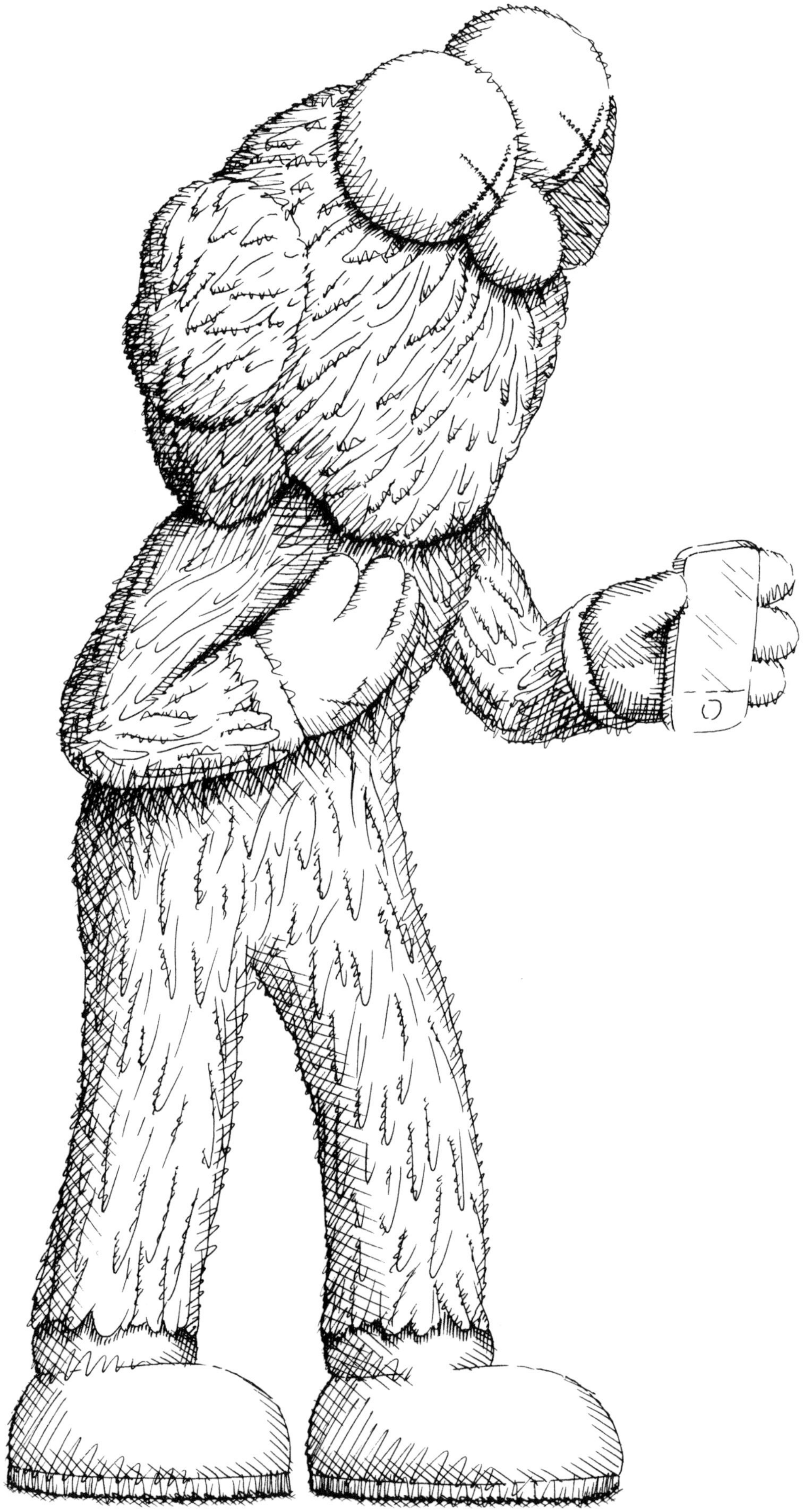

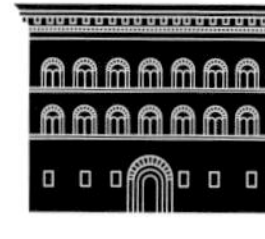

KAWS
THE MESSAGE

a cura di / edited by
Arturo Galansino

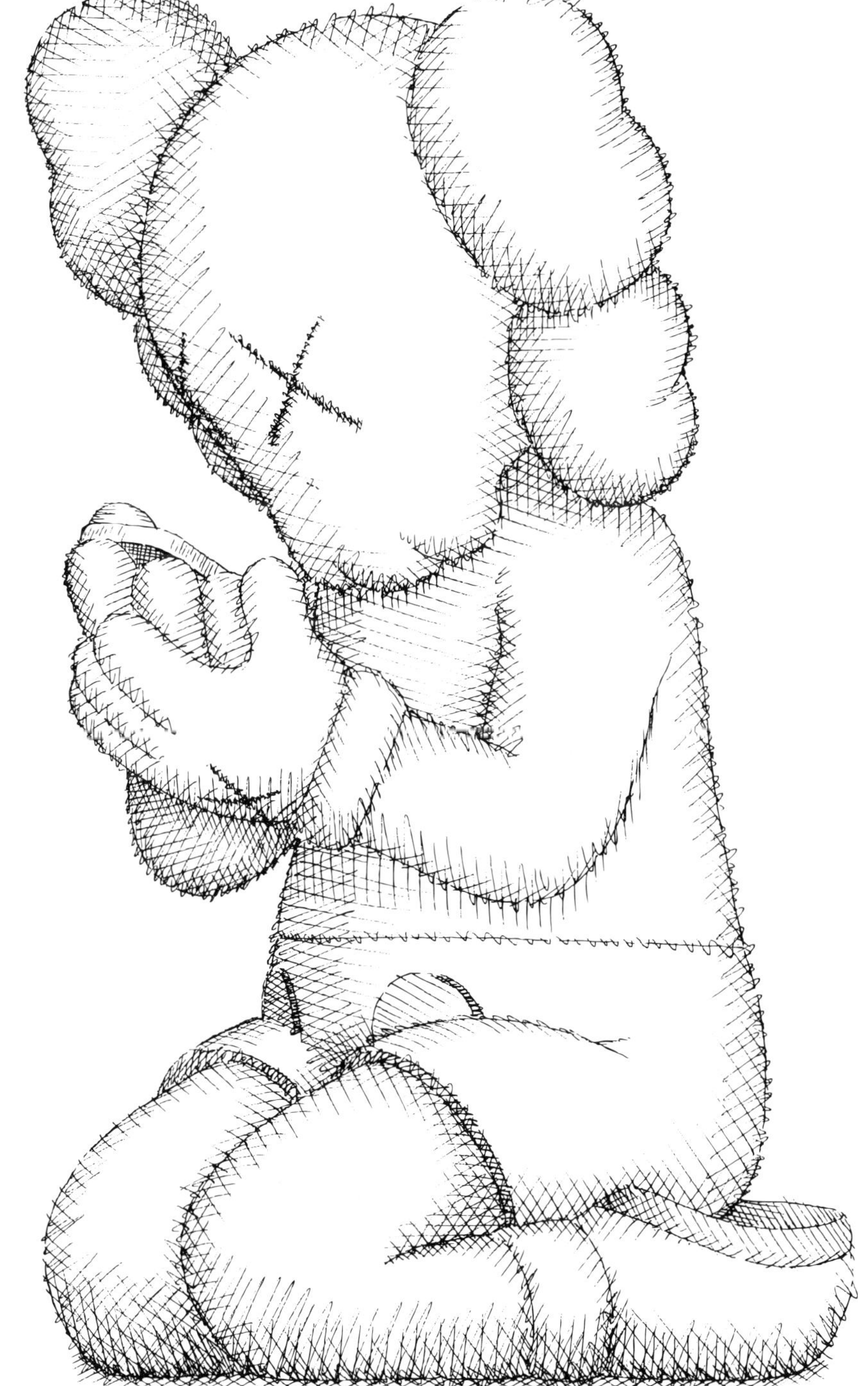

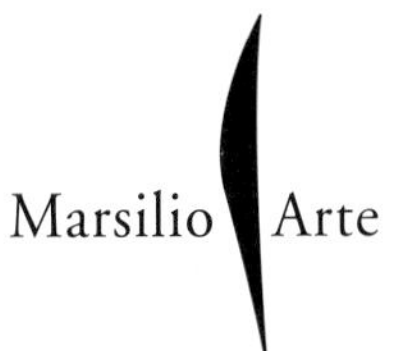

Marsilio Arte

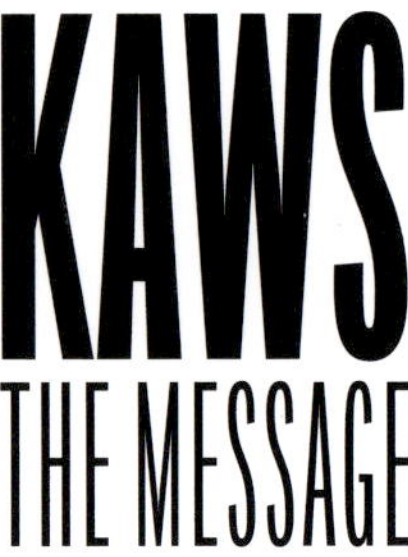

KAWS
THE MESSAGE

Palazzo Strozzi, Firenze / Florence
29 ottobre / October **2025**
25 gennaio / January **2026**

A cura di / Curated by
Arturo Galansino

Promossa e organizzata da /
Promoted and organized by

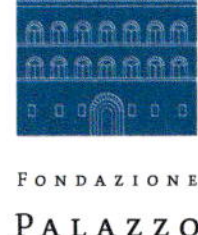 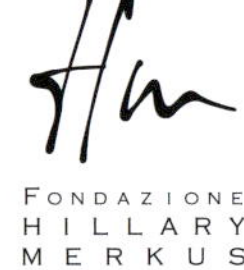

nell'ambito del progetto / within the
project **Palazzo Strozzi Future Art**

Sostenitori pubblici / Public Supporters
Fondazione Palazzo Strozzi

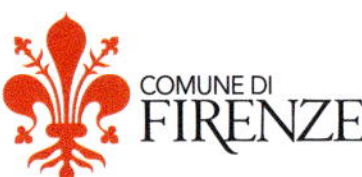 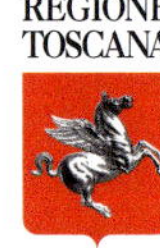

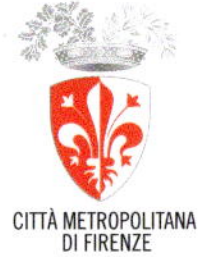 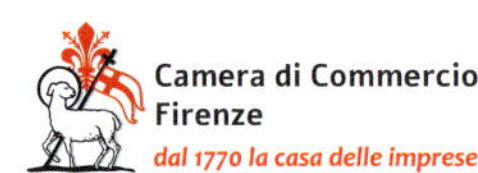

Sostenitori privati / Private Supporters
Fondazione Palazzo Strozzi

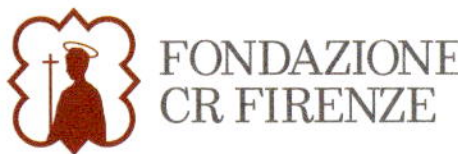

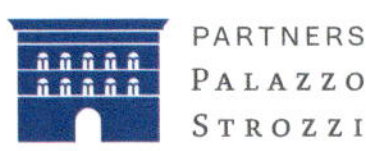

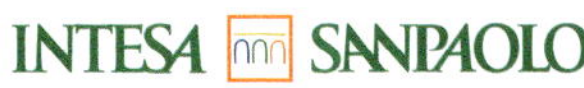

Progetto di allestimento / Set-up Project
KAWS

Coordinamento allestimento /
Set-up Coordination
Rita Scrofani

Ricerche / Research
Camilla Manenti

**Consulenza specialistica per
le installazioni** / Expert Consultant
for the Installations
Leonardo Paolini

Realizzazione dell'installazione /
Installation Set-up
Alter Ego
The Gallery Mourmans
Stampa in Stampa

Lighting Design
Egidio Ferrara

Trasporti / Transport
De Vries Transport

Assicurazione / Insurance
AON
ARTE Generali

Progetto grafico comunicazione /
Exhibition Communication Design
RovaiWeber design

Ufficio stampa internazionale /
International Press Office
Sutton PR

Tirocinante / Intern
Laura Giannotti

Fotografe / Photographers
Elzbieta Bialkowska, OKNO Studio
Ludovica Arcero, Saywho

Produzioni video / Video Production
The Factory Prd

Digital Marketing
Hubove Studio

Responsabile della sicurezza DM569 /
Head of Security DM569
Ulderigo Frusi

**Responsabile del servizio prevenzione
e protezione** / Head of Prevention
and Protection
Valentina Zugheri

**Assistenza e manutenzione impianti
elettrici** / Electrical System
Bagnoli s.r.l.

**Assistenza e manutenzione impianti
d'allarme** / Alarm System
Professional Security s.r.l.

Servizio pulizia / Cleaning Service
Cooperativa Italiana Servizi

Ringraziamenti / Acknowledgments

**La Fondazione Palazzo Strozzi è
profondamente riconoscente a tutti
coloro che a vario titolo hanno reso
possibile la realizzazione di THE
MESSAGE, in particolar modo all'artista** /
Fondazione Palazzo Strozzi is deeply
grateful to everyone who has contributed
to the realization of THE MESSAGE,
especially to the artist.
**Si ringrazia la Fondazione Hillary
Merkus Recordati e il Presidente Andy
Bianchedi per il sostegno all'iniziativa,
parte del programma di attività
Palazzo Strozzi Future Art** / We would
like to thank the Fondazione Hillary
Merkus Recordati and its President,
Andy Bianchedi, for their support of
the initiative, part of the Palazzo Strozzi
Future Art program.
**Grazie alla Soprintendenza Archeologia,
Belle Arti e Paesaggio per la Città
Metropolitana di Firenze e le province
di Pistoia e Prato e in particolar modo
alla Soprintendente Antonella Ranaldi
e all'architetto Francesca Fabiani** /
Thanks to Soprintendenza Archeologia,
Belle Arti e Paesaggio per la Città
Metropolitana di Firenze e le province
di Pistoia e Prato and especially to
Soprintendente Antonella Ranaldi
and architect Francesca Fabiani.
**Per il sostegno alle attività della
Fondazione Palazzo Strozzi si
ringraziano i Patron di Palazzo Strozzi** /
Thanks to Palazzo Strozzi's Patrons for
supporting the activities of Fondazione
Palazzo Strozzi: **Rita Abbate, Cecilia
Adorni Braccesi, Giuseppe Alleruzzo,
Valentina Artini, Silvia Asso Bufalini,
Raoul Bajaj, Ida Barberis Cangioli,
Elisa Beatrice Bardazzi, Fabio Bechelli,
Giovanni Belloni, Giulia Belloni, Alberto
Bianchi, Francesca Bignami, Alatia
Bradley Bach, Prahlad Bubbar, Fabrizio
Caprotti, Roberto Casamonti, Donatella
Cavallina Semplici, Alessandro Cevenini,
Gastone e Maria Teresa Chelini, Stefania
Chipa, Nora Dearden, Zelal Elbistan,
Tommaso Ficari, Teresa Fichera Becagli,
Morgan Fiumi, Enrico Frascione, Vittorio
Gaddi, Silvia Geddes, Carlo Gentili,
Lorenzo Ghetti, Lionardo Ginori Lisci,
Ginevra Giovannoni, Claudio Girardi,
Giuseppina Letizia Girardi, Vittoria
Gondi, Luca Guicciardini Corsi Salviati,
Luziah Hennessy, Patrick Hoffer,
Roberto Lombardi, Margherita Loy,
Gaetano Maccaferri, Niccolò Manetti,
Massimo Menozzi, Elsa Michael, Jacopo
Morelli, Raffaello Napoleone, Carlo
e** / and **Rosella Nesi, Niccolò e** / and
**Stefania Nesi, Marco Paletta, Maria
Papadaki Badanjak, Clarice Pecori
Giraldi, Simone Pesi, Leonardo Pinzauti,
Maria Ricceri, Maurizio Rigillo, Giovanni
Carlo Rimbotti, Monique Rollins,
Eriberto Rosso, Monica Sarti, Cristina
Tessicini, Francesco Vanni, Giulio
Zambelletti, Silvio Zuccarini.**

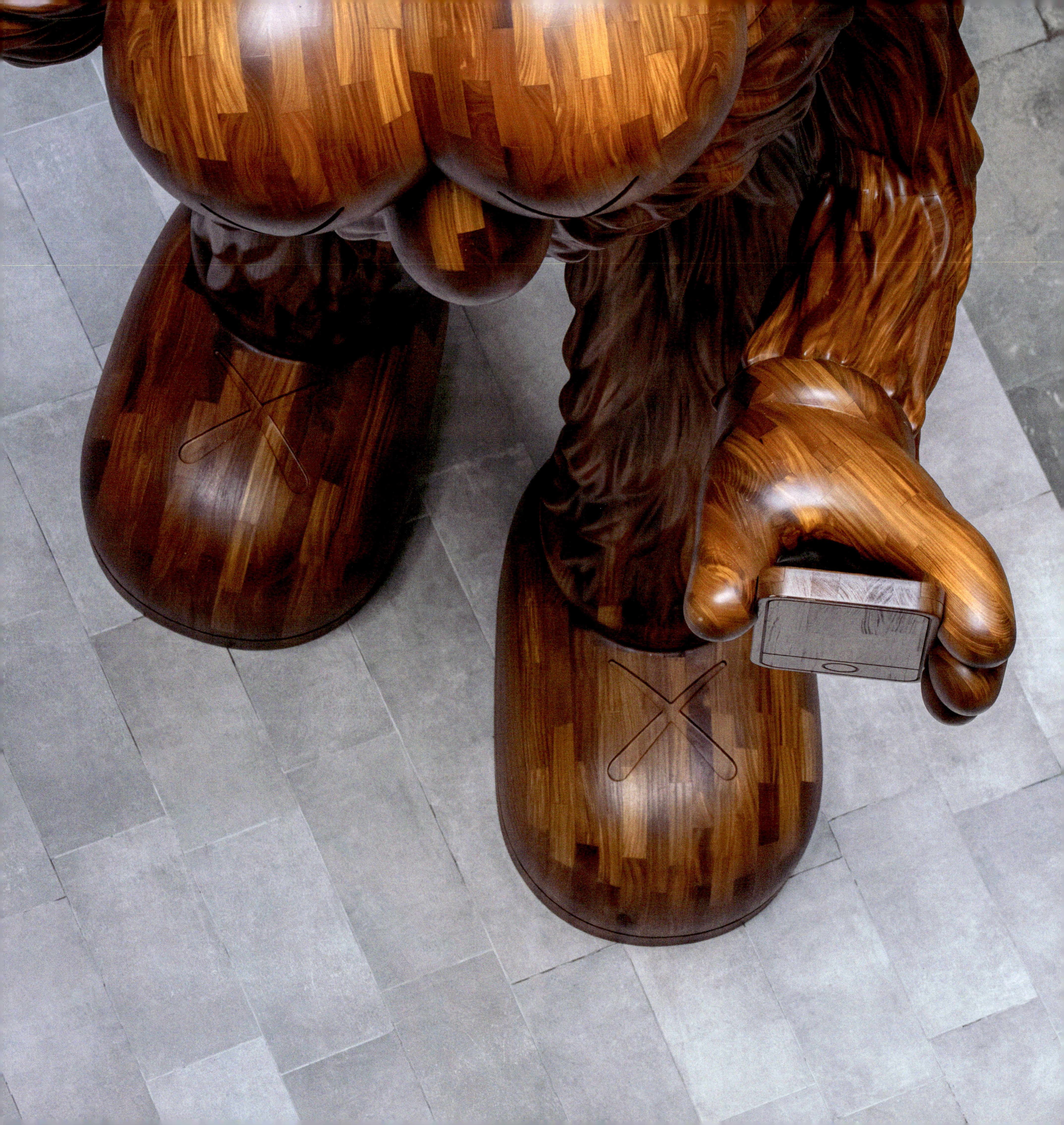

L'installazione site-specific di KAWS, realizzata per il cortile di Palazzo Strozzi, trasforma uno spazio simbolo dell'armonia classica in un terreno di confronto tra epoche, forme e linguaggi, dando vita a un'opera di forte impatto visivo e concettuale. L'artista americano reinterpreta il tema dell'Annunciazione, uno dei soggetti più celebri di Beato Angelico, mettendo in relazione l'iconografia del passato con la cultura visiva del nostro tempo. Il telefono cellulare, fulcro della scena, diventa emblema della comunicazione contemporanea e strumento di riflessione sulla connessione – o distanza – che caratterizza la nostra vita quotidiana, offrendo un'ironica e profonda riflessione sul tema dell'iperconnessione che oggi forgia tutte le nostre relazioni. Il dialogo con Beato Angelico, protagonista nello stesso periodo della grande mostra presentata al Piano Nobile di Palazzo Strozzi e al Museo di San Marco, amplifica il valore di questa installazione, che mette in relazione due visioni lontane nel tempo ma accomunate da una profonda ricerca sulla spiritualità, l'emozione e il significato dell'immagine.

THE MESSAGE rappresenta così un incontro tra spiritualità e tecnologia, sacro e profano, memoria e contemporaneità, offrendo una lettura inedita di temi universali come il dialogo, la vulnerabilità e la ricerca di contatto umano. Ancora una volta, Palazzo Strozzi si fa teatro di un progetto capace di interrogare il nostro presente attraverso la forza simbolica dell'arte. Questo nuovo intervento è reso possibile grazie al sostegno della Fondazione Hillary Merkus Recordati e del suo presidente Andy Bianchedi che, con passione e lungimiranza, promuovono il programma *Palazzo Strozzi Future Art*. È grazie all'alleanza tra le nostre Fondazioni che negli ultimi cinque anni abbiamo sviluppato progetti, attività per il pubblico ed eventi dedicati a intrecciare prospettive tra tradizione e innovazione, con l'obiettivo di coinvolgere sempre più il pubblico giovane e creare una piattaforma per l'arte del presente.

The site-specific installation by KAWS, conceived for the Palazzo's courtyard, transforms a space emblematic of classical harmony into a ground for exchange between eras, forms, and languages, giving rise to a work of strong visual and conceptual impact. Through two monumental wooden sculptures, the American artist reinterprets the theme of the Annunciation, one of Beato Angelico's most celebrated subjects, connecting the iconography of the past with the visual culture of our time. The mobile phone at the centre of the scene becomes an emblem of contemporary communication and a means of reflecting on the connection—or distance—that characterises our daily lives, offering an ironic and profound commentary on the hyperconnectivity that shapes all our relationships today.

The dialogue with Beato Angelico, who at the same time is the focus of the major exhibition presented on the Piano Nobile of Palazzo Strozzi and at the Museo di San Marco, amplifies the significance of this installation, which brings together two visions distant in time yet united by a profound exploration of spirituality, emotion, and the meaning of images.

THE MESSAGE thus embodies an encounter between spirituality and technology, the sacred and the profane, memory and contemporaneity, offering a new interpretation of universal themes such as dialogue, vulnerability, and the search for human connection. Once again, Palazzo Strozzi becomes a stage for a project that challenges our present through the symbolic power of art.

This new intervention has been made possible thanks to the support of the Fondazione Hillary Merkus Recordati and its President Andy Bianchedi, who with passion and foresight promote the *Palazzo Strozzi Future Art* programme. Thanks to the alliance between our Foundations, over the past five years we have developed projects, public activities, and events designed to open new exchanges between tradition and innovation, engaging younger audiences and creating a platform for the art of today.

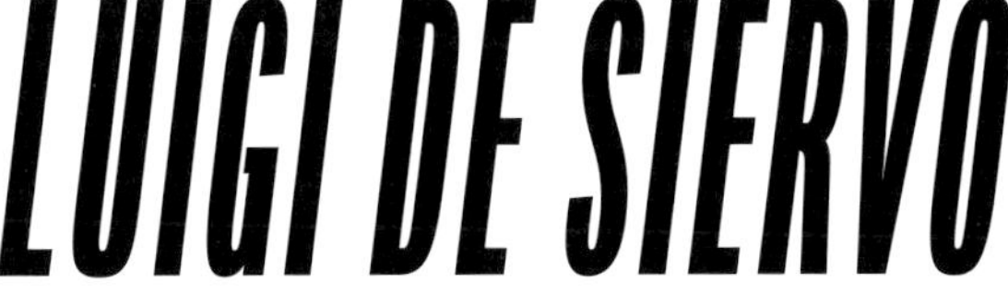

LUIGI DE SIERVO

Presidente Fondazione Palazzo Strozzi   President of the Fondazione Palazzo Strozzi

Il progetto *Palazzo Strozzi Future Art*, nato dalla collaborazione tra la Fondazione Hillary Merkus Recordati e la Fondazione Palazzo Strozzi, si fonda sull'idea che la creatività contemporanea sia uno spazio di incontro e partecipazione. Fin dall'inizio abbiamo scelto di sostenere non solo gli artisti ma anche pubblici diversi, costruendo occasioni in cui l'arte non resti semplice osservazione ma diventi esperienza condivisa. Crediamo nel valore del tempo dedicato alla scoperta e nella possibilità di ritrovare, attraverso le opere, uno spazio di confronto aperto e inclusivo. Il nostro impegno si traduce nel sostenere percorsi di crescita, nel creare connessioni e nel dare continuità a esperienze che fanno dell'arte uno spazio di conoscenza e di confronto sul presente. Con *THE MESSAGE* questa visione prende forma in modo chiaro. L'artista rilegge un tema della nostra tradizione, l'Annunciazione, e lo mette in relazione con la cultura visiva di oggi attraverso un oggetto familiare: il telefono cellulare. Le due sculture monumentali, collocate nel cortile di Palazzo Strozzi, trasformano il cuore rinascimentale del palazzo in un luogo di risonanza tra passato e presente, tra spiritualità e quotidianità. Ne scaturisce una scena sospesa che interroga il desiderio di comunicare e la responsabilità dello sguardo. Il richiamo alla tradizione non è citazione ma terreno di confronto in cui memoria e presente si misurano, mantenendo aperta la possibilità di letture plurali. La dimensione pubblica e accessibile dell'opera, tipica della ricerca di KAWS, diventa parte integrante di questo progetto: la fruizione libera nel cortile amplifica l'incontro con i visitatori e si inserisce pienamente nella missione del programma *Palazzo Strozzi Future Art*. Per la Fondazione Hillary Merkus Recordati sostenere un progetto come questo significa rinnovare un impegno verso la cultura e la sua capacità di creare legami autentici. *THE MESSAGE* rappresenta una tappa significativa di questo percorso: un'opera che genera meraviglia e riflessione, capace di attivare contatti tra persone, storie e saperi. È questo il senso del nostro sostegno: rinnovare la relazione tra arte e pubblico, contribuendo a rendere il cortile di Palazzo Strozzi un luogo sempre più vivo, in cui il presente dialoga sapientemente con la storia.

The *Palazzo Strozzi Future Art* project, created through the collaboration between the Fondazione Hillary Merkus Recordati and the Fondazione Palazzo Strozzi, stems from the idea that contemporary creativity is a space for encounter and participation. From the outset, we chose to support not only artists but also different audiences, creating opportunities in which art is not merely observed but becomes a shared experience. We believe in the value of time devoted to discovery and in the possibility of finding, through artworks, a space for open and inclusive dialogue. Our commitment lies in supporting paths of growth, fostering connections, and ensuring continuity in experiences that make art a place of knowledge and reflection on the present. With *THE MESSAGE*, this vision takes clear shape. The artist reinterprets a theme from our tradition—the Annunciation—and relates it to today's visual culture through a familiar object: the mobile phone. The two monumental sculptures installed in Palazzo Strozzi's Renaissance courtyard transform the heart of the palace into a space of resonance between past and present, spirituality and everyday life. The result is a suspended scene that questions our desire to communicate and the responsibility that comes with looking. The reference to tradition is not mere citation but a ground for dialogue where memory and the present engage with one another, keeping open the possibility of multiple interpretations. The public and accessible dimension of the work, a hallmark of KAWS's artistic practice, becomes an essential part of this project: free access in the courtyard enhances the encounter with visitors and aligns fully with the mission of the *Palazzo Strozzi Future Art* programme. For the Fondazione Hillary Merkus Recordati, supporting a project such as this means renewing a commitment to culture and to its ability to create authentic connections. *THE MESSAGE* marks a significant step in this journey: a work that inspires wonder and reflection, capable of forging bonds between people, histories, and forms of knowledge. This is the meaning of our support—to renew the relationship between art and its audiences, helping make the courtyard of Palazzo Strozzi an increasingly vibrant place where the present speaks with history.

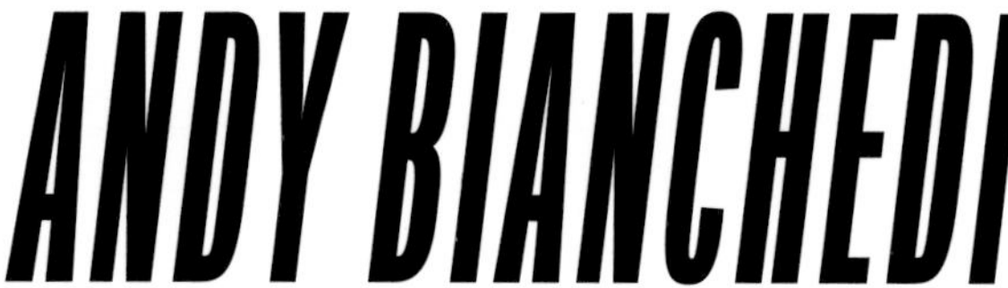

Presidente Fondazione Hillary Merkus Recordati   President of the Fondazione Hillary Merkus Recordati

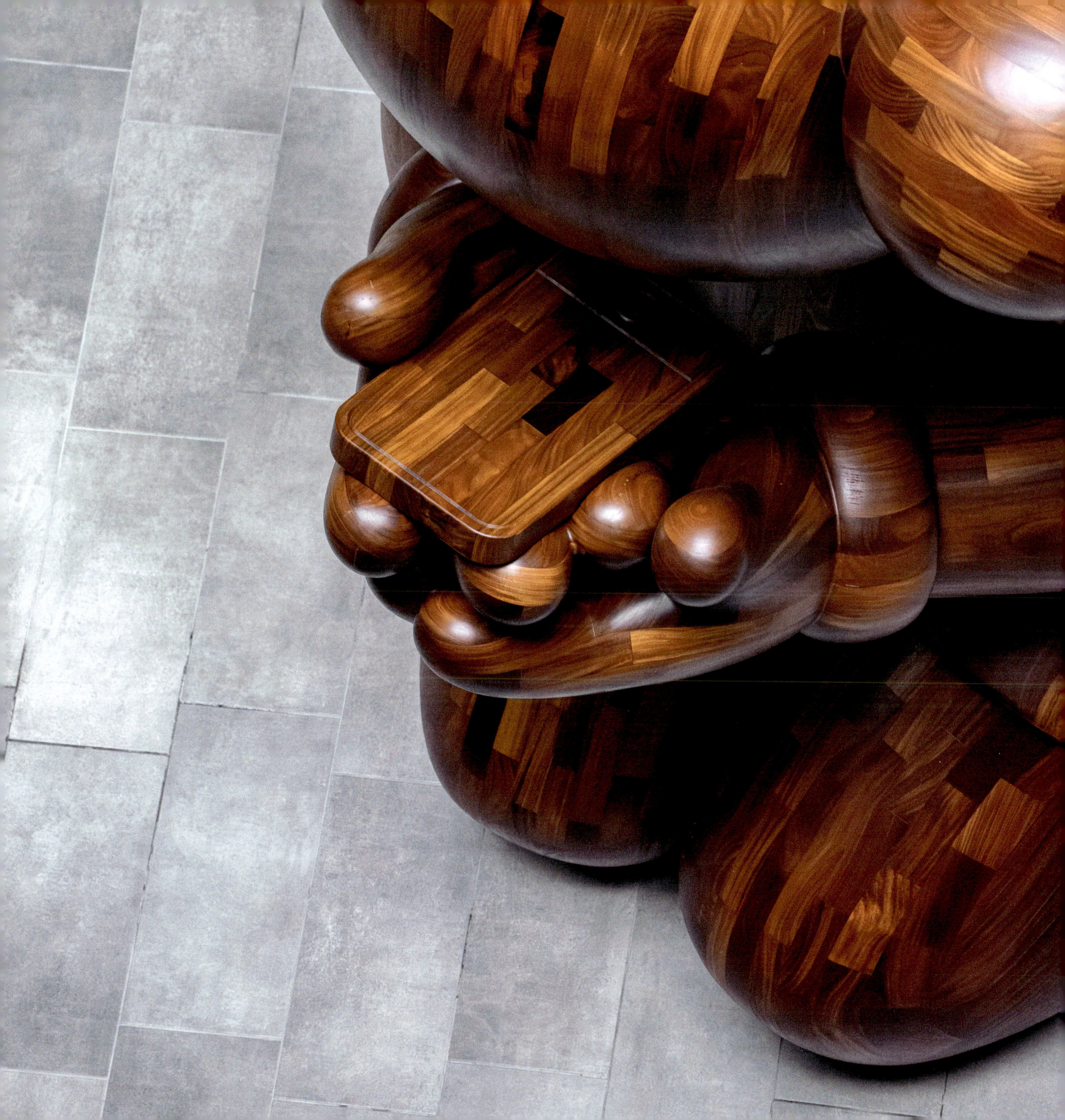

Traduzioni / *Translations*
Stefania De Franco

Progetto grafico e impaginazione / *Graphic Design and Layout*
Carmen Malafronte

Redazione / *Copy Editing*
Rosanna Alberti

Prima edizione **gennaio 2026**
First Edition January 2026

ISBN 979-12-5463-324-3
www.marsilioarte.it

**Available through ARTBOOK | D.A.P. 75 Broad Street,
Suite 630 New York, NY 10004
www.artbook.com**

Copertina e / *Cover and* **pp. 1-7, 12, 15, 18, 38, 41-48**
KAWS, *THE MESSAGE*, **2025, legno, in due parti** / wood, in two parts:
BFF: cm 550 × 250 × 280 / 216.53 × 98.42 × 110.23 in**;**
COMPANION: cm 390 × 250 × 250 / 153.54 × 98.42 × 98.42 in
Vedute dell'installazione / Installation views, **Firenze** / Florence,
Palazzo Strozzi

pp. 8-9
KAWS, *UNTITLED (THE MESSAGE)*, **2025, inchiostro su carta** /
ink on paper

Crediti fotografici / *Photographic Credits*
Copertina e / *Cover and* **pp. 1-7, 12, 15, 18, 38, 41-48:**
Photo Ela Bialkowska, OKNO Studio
p. 23: Photo Brad Bridgers
p. 24: Photo Farzad Owrang
**p. 25: Su concessione del Ministero della Cultura – Direzione
regionale Musei nazionali Toscana – Museo di San Marco.
È vietata ogni ulteriore riproduzione con qualsiasi mezzo**
pp. 26-27, 29 sinistra / left: **Photo @nk7, courtesy AllRightsReserved, Ltd.**
p. 28: Photo Michael Biondo
p. 29 destra / right: **Photo @songmatin, courtesy AllRightsReserved, Ltd.**
p. 33: Photo P.M. Ken
pp. 34-35: Photo Jason Schmidt

Fotolito e stampa / *Reproduction and Printing*
Grafiche Veneziane s.c.r.l., Venezia

per conto di / *for*
Marsilio Arte® s.r.l., Venezia

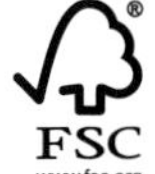

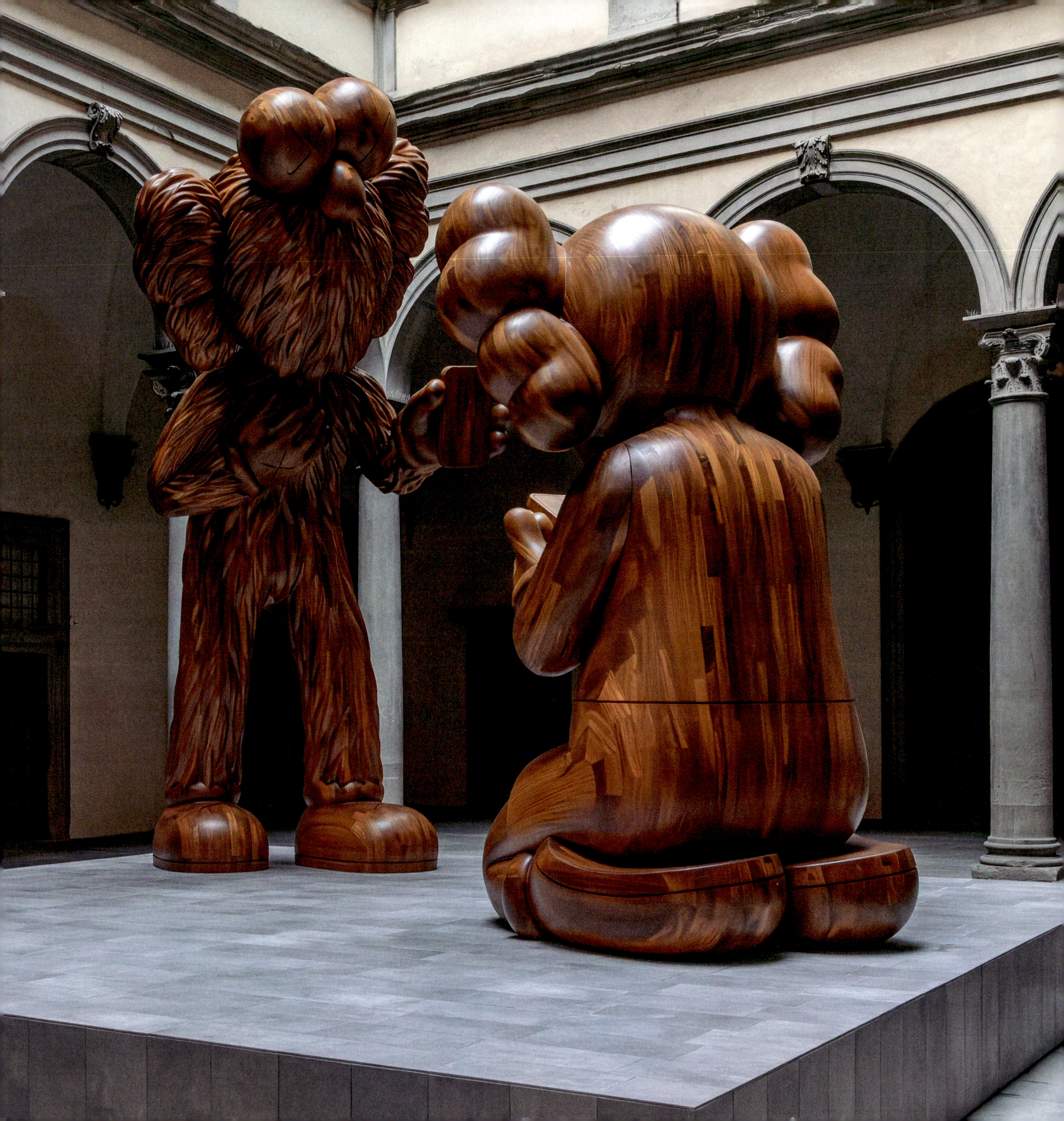

UN'INTRODUZIONE AN INTRODUCTION
ARTURO GALANSINO

Invitare KAWS a confrontarsi con il cortile rinascimentale di Palazzo Strozzi ha significato mettere in dialogo due sistemi visivi apparentemente lontani: da un lato l'eredità di Beato Angelico, celebrata nella grande mostra al Piano Nobile; dall'altro un artista che ha saputo ridefinire la cultura figurativa globale attraverso un linguaggio immediato e accessibile, ma al tempo stesso profondamente stratificato. La sua pratica nasce dal graffitismo e si è sviluppata nella rilettura critica delle immagini dei media, in una ricerca capace di tenere insieme arte, design, tecnologia e culture digitali. Ciò che rende KAWS una figura chiave dell'arte contemporanea è la capacità di muoversi con naturalezza tra mondi estetici e culturali diversi senza perdere coerenza formale: ogni opera, a qualsiasi scala, conserva un tratto distintivo e una forza empatica che l'hanno resa familiare a pubblici globali.

Con ***THE MESSAGE***, KAWS non si limita a rileggere il soggetto dell'Annunciazione: attraversa la tradizione, la misura con il presente e con le forme della comunicazione contemporanea. Le due figure monumentali non cercano un rapporto illustrativo con Beato Angelico, ma aprono uno spazio di osservazione parallela, in cui il tema

Inviting KAWS to engage with the Renaissance courtyard of Palazzo Strozzi has meant bringing into dialogue two seemingly distant visual systems: on one side the legacy of Fra Angelico, celebrated in the major exhibition on the Piano Nobile; on the other, an artist who has reshaped global visual culture through a language that is immediate and accessible, yet at the same time profoundly layered. His practice originates in graffiti and has developed through a critical re-reading of media images, in a form of research that brings together art, design, technology and digital cultures. What makes KAWS a key figure in contemporary art is his ability to move naturally across different aesthetic and cultural worlds without losing formal coherence: every work, whatever its scale, retains a distinctive signature and an empathetic force that has made it familiar to audiences worldwide.

With *THE MESSAGE*, KAWS does not simply reinterpret the subject of the Annunciation: he traverses the tradition, measuring it against the present and against the forms of contemporary communication. The two monumental figures do not seek an illustrative relationship with Fra Angelico, but open a parallel space of observation, in which the theme of the message takes centre stage:

del messaggio torna centrale: la trasmissione
di qualcosa che passa da un soggetto all'altro,
da un tempo all'altro, da un linguaggio all'altro.
Il cortile diventa così un dispositivo visivo attivo,
un luogo in cui un passato carico di simboli
incontra un presente in cui la comunicazione
passa attraverso lo schermo di uno smartphone.
KAWS non si limita però a citare un modello
del passato. Le due figure dialogano con lo
spazio presente, assumendo l'architettura come
interlocutrice e non come semplice sfondo.
Da sempre KAWS lavora tra codici, linguaggi
e generi senza gerarchie né contrapposizioni.
Le sue opere esprimono inoltre una forte
componente emotiva che va oltre la loro
origine: vulnerabilità, smarrimento, desiderio
di contatto. Sono immagini che parlano a tutti,
indipendentemente dal grado di familiarità
con l'arte, perché si collocano in un territorio
condiviso, fatto di memorie visive comuni.
È proprio in questa dimensione che *THE MESSAGE*
si inserisce: mette al centro l'atto di trasmettere e
ricevere, mostrando come ogni immagine, antica
o contemporanea, sia parte di una rete di relazioni,
di connessioni visive ed emotive che ci uniscono.
L'opera ci invita a riflettere non solo su ciò che
viene comunicato, ma su come continuiamo
a costruire significati attraverso gli scambi,
gli sguardi e i messaggi che attraversano
il nostro tempo.

the transmission of something that passes from
one subject to another, from one time to another,
from one language to another. The courtyard thus
becomes an active visual device, a place where a
past charged with symbols encounters a present
in which communication is mediated through the
screen of a smartphone. Yet KAWS does not merely
quote a model from the past. The two figures
engage with the space as it is today, treating the
architecture as an interlocutor rather than a simple
backdrop.
KAWS has always worked across codes,
languages and genres without hierarchies or
oppositions. His works also express a strong
emotional dimension that goes beyond their
origins: vulnerability, displacement, the desire
for connection. These are images that speak
to everyone, regardless of their familiarity with
art, because they inhabit a shared terrain made
of common visual memories.
It is precisely within this dimension that
THE MESSAGE positions itself: It places at the
centre the act of transmitting and receiving, showing
how every image, ancient or contemporary, is part
of a network of relations, of visual and emotional
connections that link us. The work encourages us
to reflect not only on what is communicated, but on
how we continue to construct meaning through the
exchanges, the gazes and the messages that move
through our time.

ARTURO GALANSINO
IN CONVERSAZIONE IN CONVERSATION
CON WITH
KAWS

Arturo Galansino: Ciao KAWS, o meglio, ciao Brian. Partiamo dall'origine del nome KAWS, a proposito del quale hai detto: «Sono solo lettere che mi piacevano, "K-A-W-S". Ho avuto la sensazione che funzionassero sempre bene insieme». La scelta di un nome breve e immediato come KAWS, più legato all'impatto visivo che a una narrazione, ha a che fare con il contesto del graffitismo? Quanto continua a guidarti questo focus sull'estetica visiva?

KAWS: Mi piaceva il nome "K-A-W-S" semplicemente perché è un segno forte e leggibile. È una lettura rapida, cosa utile in qualsiasi forma di comunicazione visiva. Quando ero più giovane e facevo quel tipo di lavoro, pensavo alle somiglianze tra graffiti e pubblicità-branding: raggiungere un pubblico, scegliere le posizioni più visibili, mantenere una chiara leggibilità per chiunque.
Molti di questi concetti continuano a dare forma alla mia pratica attuale. Una delle cose a cui penso spesso è creare opere che siano personali ma accessibili al maggior numero di persone possibile, il che, naturalmente, include anche chi sta al di fuori del "mondo dell'arte" tradizionale.

Arturo Galansino: Hello KAWS, or rather, hello Brian. Let's start here, with the origin of the name KAWS, about which you said, "It's just letters that I liked, 'K-A-W-S.' I felt like they always work and function nicely with each other." Does the choice of a short, catchy name like KAWS, more linked to visual impact than to a narrative, have anything to do with the context of graffiti? How much does this focus on visual aesthetics continue to guide your work?

KAWS: I liked the name 'K-A-W-S' simply because it's a strong, legible mark. It's a quick read, which is helpful in any form of visual communication. When I was younger and making that work, I was thinking about the similarities between graffiti and advertising—branding, reaching an audience, choosing the most prominent locations, maintaining letter clarity for civilians.
Many of those concepts still shape my current practice. One of the things I think about often is to create work that is personal but approachable to as many people as possible—which of course includes those outside of the "traditional artworld." I use elements of characters that people are already familiar with to allow them an easy point of

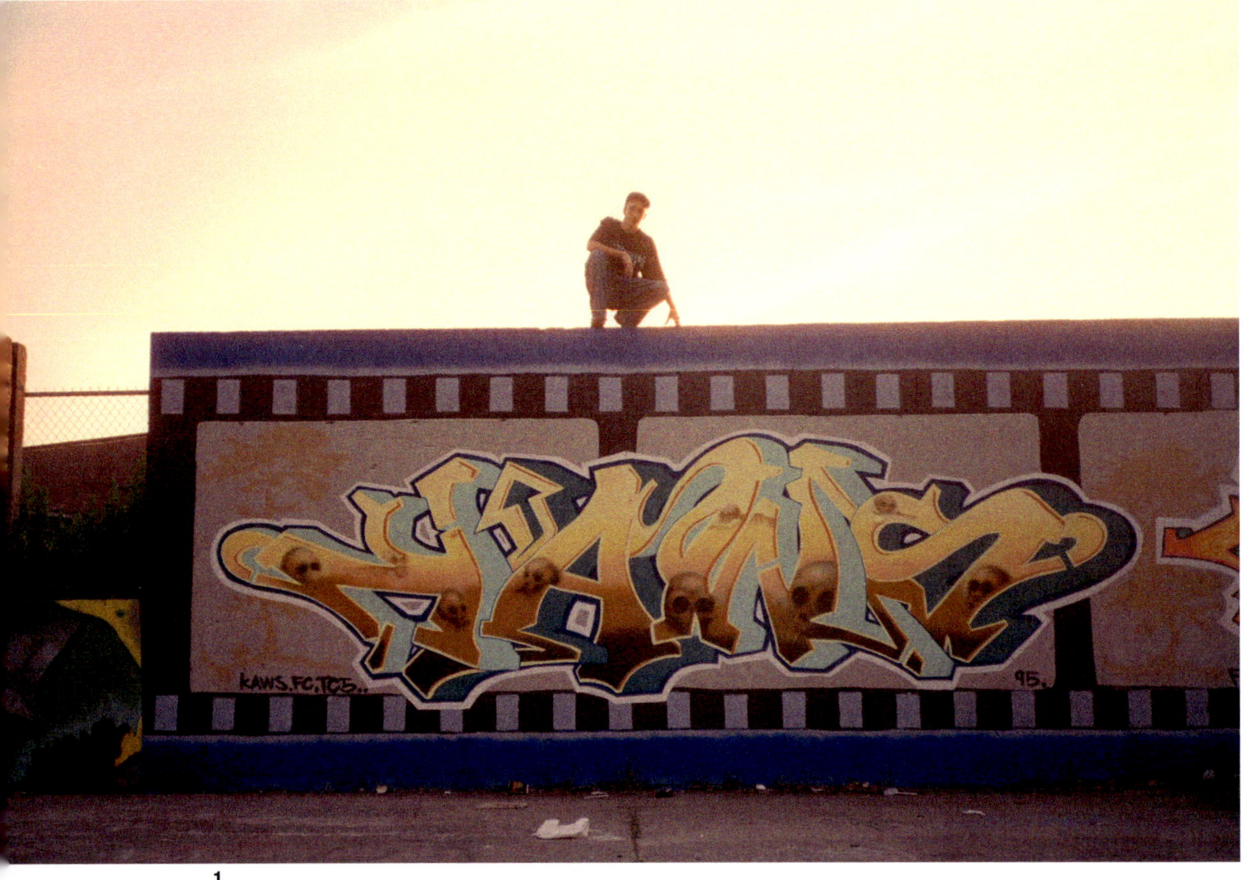

1.

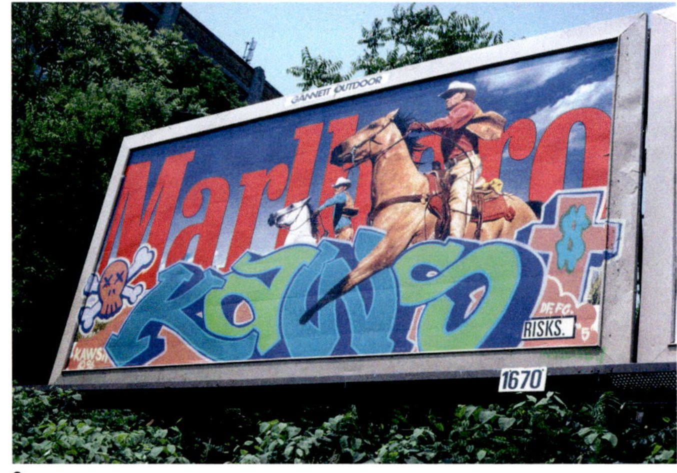

2.

Uso elementi di personaggi con cui le persone hanno già familiarità per offrire un punto d'accesso semplice. Credo che per la maggior parte delle persone sia più facile riconoscersi in un personaggio dei cartoni animati che in un altro essere umano: c'è qualcosa nella proiezione di noi stessi su queste forme fittizie che risulta più immediato della relazione fra noi. Penso che sia anche per questo che così tante persone riescono a identificarsi con il mio lavoro.

AG: Le tue opere presentano simboli minimi ma potenti (le X, le mani sugli occhi, posture ricurve). Quando ti sei reso conto che questi elementi potevano esistere in modo indipendente, come un vocabolario visivo a sé? Il simbolo del teschio con ossa incrociate e X sugli occhi compare sui tuoi cartelloni pubblicitari a metà anni Novanta – per esempio in *UNTITLED (MARLBORO 2)*, 1996 – e sostituisce gradualmente la firma "KAWS". Puoi raccontarci questa evoluzione?

entry. I feel that it's easier for most people to see themselves in a cartoon character than another human being—something about projecting ourselves onto these fictional forms is easier than relating to each other. I think that's part of the reason why so many people are able to relate to the work.

AG: Your works feature minimal but powerful symbols (Xs, hands over eyes, hunched postures). When did you realize that these elements could exist independently, as a visual vocabulary in their own right? The symbol of the skull with crossed bones and Xs over the eyes appears in your work on billboards in the mid-1990s—see *UNTITLED (MARLBORO 2),* 1996— and gradually replaces the moniker "KAWS." Can you tell us about this evolution?

K: It began with painting over advertisements in the 1990s. I started painting over billboards in 1993 and at first it started because I was looking for the most visible spots to put my work up. When I was in school at SVA around that time, I remember one of my professors talking about how far you can whittle

K: Ho iniziato a sovrapporre la pittura alle pubblicità negli anni Novanta. Ho cominciato dipingendo sui cartelloni nel 1993 e all'inizio l'ho fatto perché cercavo i punti più visibili per esporre le mie opere. In quel periodo frequentavo la SVA, la School of Visual Arts, e ricordo che uno dei miei professori parlava di quanto si potesse ridurre un'immagine per ottenere un segno più incisivo pur mantenendola riconoscibile. È un concetto che mi ha molto colpito. Si doveva cogliere l'essenza di un'immagine e ricavarne la forma più iconica possibile che avesse ancora un significato. Credo che sia questo ad avermi portato a concentrarmi sulle X e su altri elementi.

AG: Thomas Crow ha osservato che il tuo personaggio COMPANION «si distingue per essere morto», sottolineando però che la figura «non è così morta da non potersi muovere e da non poter compiere una gamma di azioni commoventi». Il tema della morte emerge nelle X degli occhi dei tuoi personaggi, che sembrano rimandare alla materialità e vulnerabilità umane. Quanto è intenzionale questa dimensione, e quanto riflette il tuo interesse per la condizione concreta e fragile degli esseri umani?

K: Penso che sia un'osservazione davvero interessante. Trovo difficile creare nuovi personaggi perché quelli con cui lavoro sono in costante crescita e accumulano esperienze. Come tutti noi, li vedo fragili e senza un futuro garantito.

AG: Allo stesso tempo, come ha sottolineato Marianne Dobner, utilizzi un'estetica del "cute": figure semplici e accattivanti che, a uno sguardo più attento, rivelano ansie profonde. Sei d'accordo con questa osservazione?

K: La si potrebbe vedere così. Per me si tratta più che altro di accessibilità e di una familiarità innata che le persone hanno con quel tipo di immagini. Durante i miei primi viaggi in Giappone, nonostante la barriera linguistica, riuscivo a entrare in contatto con le persone attraverso interessi comuni. Uno di questi erano i cartoni animati con cui siamo cresciuti. Quelle immagini attraversano generazioni, culture e geografie. Desidero che il mio lavoro sia accessibile allo stesso modo, e spero che la creazione delle mie opere contribuisca a raggiungere questo obiettivo.

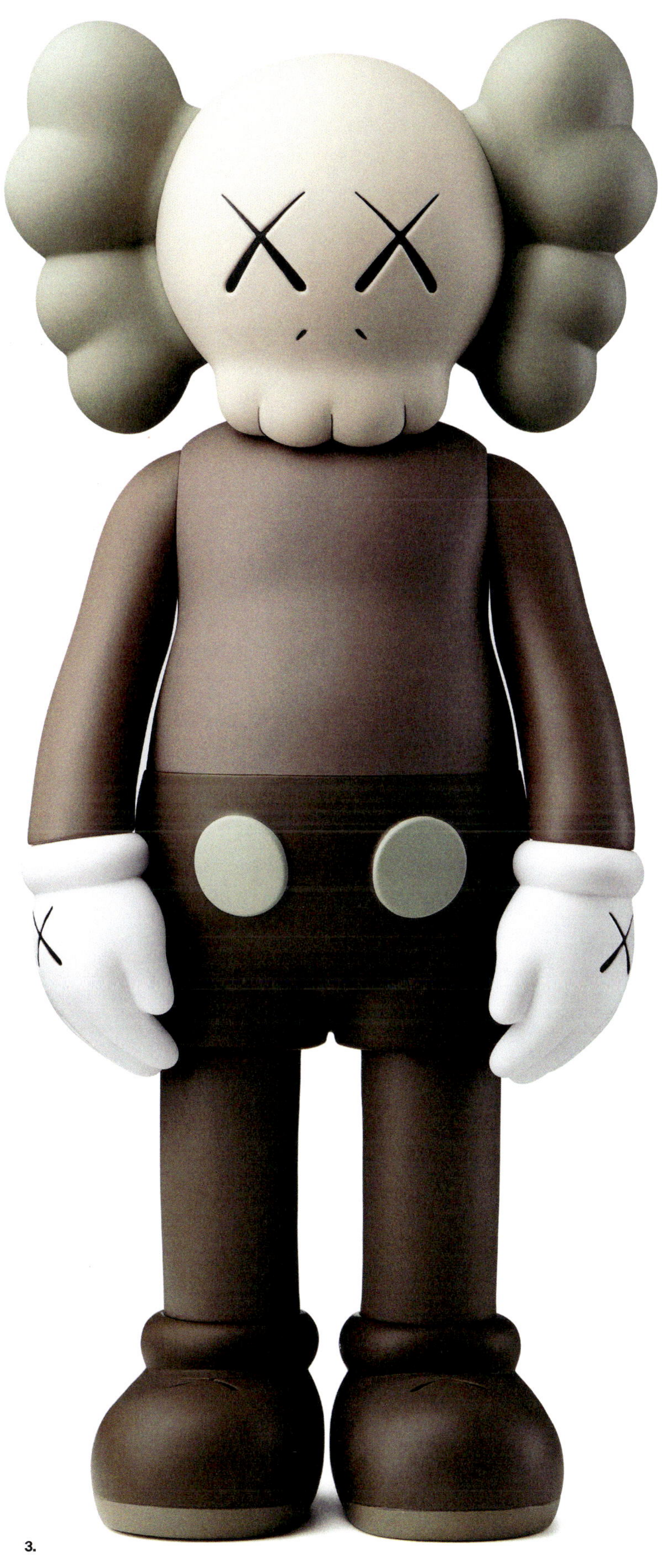

3.

4.
KAWS
UNTITLED, 2017
Acrilico su tela / Acrylic on canvas
cm 152 × 153 / 60 × 60.3 in

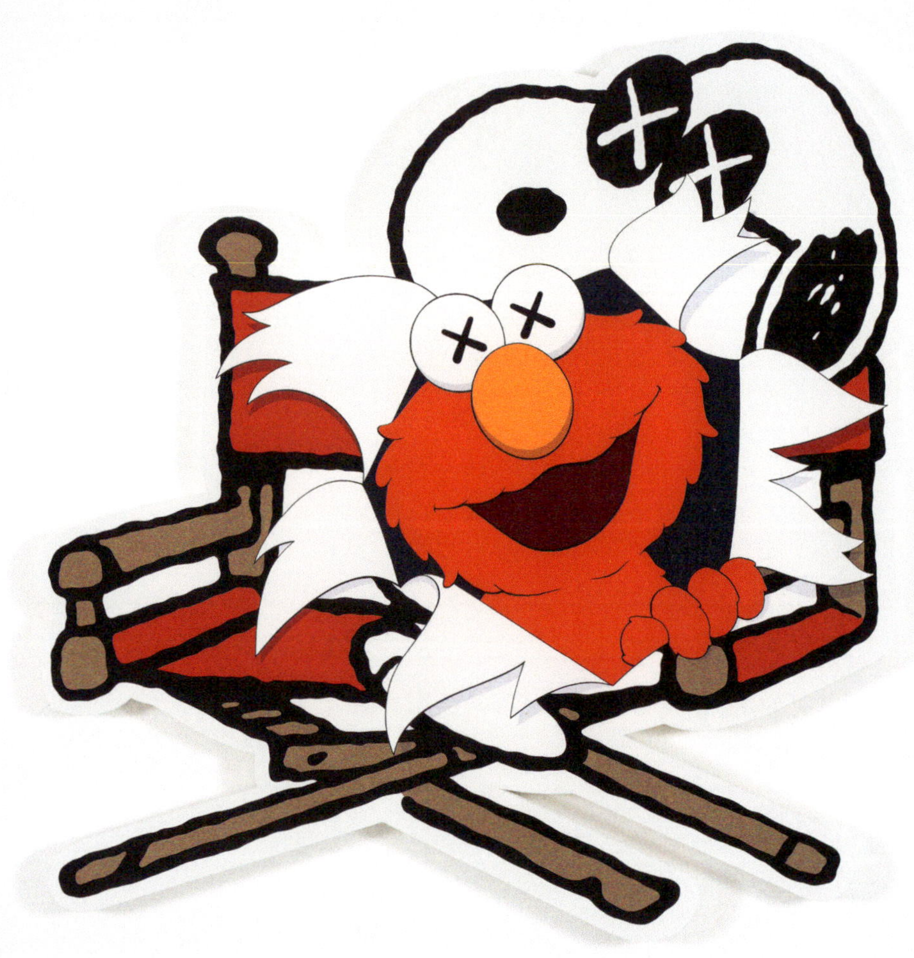

4.

AG: L'installazione per Palazzo Strozzi, *THE MESSAGE,* instaura un dialogo diretto con uno dei soggetti più celebri nelle opere di Beato Angelico, l'Annunciazione. In che modo il lavoro di Beato Angelico ha influenzato la tua reinterpretazione contemporanea di questo tema?

K: Nonostante le opere di Beato Angelico e di altri artisti rinascimentali venissero commissionate da facoltosi mecenati, erano spesso esposte in chiese o in spazi accessibili a tutti. Poiché una parte del pubblico non era alfabetizzata, queste opere raccontavano scene e storie senza testo. Sono ispirato da quella capacità di comunicare attraverso le immagini. La mia reinterpretazione del soggetto mira a portare quella comunicazione al presente.

down an image to make the strongest mark while still keeping it recognizable. That's always stuck with me. You had to take the essence of an image and make the most iconic form out of it that still meant something. I guess that's what led me to focusing on the Xs as well as other elements.

AG: Thomas Crow observed that your character COMPANION "distinguishes itself by being dead," while emphasizing that the figure is "not so dead that it cannot get around and engage in a range of affecting activities." The theme of death emerges in the X-shaped eyes of your characters, which seems to be linked to human materiality and vulnerability. How intentional is this dimension, and how much does it reflect your interest in the material and fragile condition of human beings?

AG: L'installazione è stata concepita in relazione a un cortile rinascimentale. Quali caratteristiche di questo luogo (assi prospettici, luce ecc.) hanno guidato il progetto? Hai "ereditato" elementi della grammatica spaziale dell'Annunciazione rinascimentale (soglia, portico, *hortus conclusus*) senza citarli direttamente? Nell'*Armadio degli Argenti* Angelico colloca l'Annunciazione in un cortile, come *THE MESSAGE* nel cortile di Palazzo Strozzi. Conoscevi quell'opera? Quanto è importante per te che le sculture instaurino un dialogo con l'architettura che le accoglie?

K: Sì, di certo conoscevo quell'opera. Ovviamente, ogni volta che realizzo una scultura per uno spazio pubblico, considero il luogo, la collocazione, i punti di vista e il modo in cui gli spettatori la vedranno per la prima volta e si muoveranno attorno a essa. Questa volta, la scultura è stata creata specificamente per il Palazzo, guidata dall'architettura del cortile e dalla concomitante mostra su Beato Angelico.

AG: Il titolo *THE MESSAGE* sembra mettere in relazione due piani temporali e simbolici: da un lato, la tradizione iconografica dell'Annunciazione, in cui l'arcangelo Gabriele è il messaggero della parola divina; dall'altro

K: I think that's a really good observation. I find it hard to create new figures because the ones I work with are constantly growing and gaining experiences. Like us all I do see them as being fragile with no future guaranteed.

AG: At the same time, as Marianne Dobner pointed out, you use the aesthetics of "cute": simple, appealing figures that, on closer inspection, reveal deep anxieties. Do you agree with this observation?

K: You could look at it that way. For me, it's more about approachability and an innate familiarity that people have with that kind of imagery. During my first trips to Japan, even though there was a language barrier, I was able to connect with people through common interests. One of those things were the cartoons we both grew up with. The imagery spans across generations, cultures, and geography. I want my work to be approachable in the same way and I hope creating the work that I do will accomplish that.

AG: The installation for Palazzo Strozzi, *THE MESSAGE*, establishes a direct dialogue with one of the most famous subjects in Fra Angelico's works, the Annunciation. How has Fra Angelico's work influenced your contemporary reinterpretation of this subject?

K: Even though Fra Angelico's and other Renaissance artists' work was commissioned by wealthy patrons, it was often displayed in churches or spaces where the public could view them. Since a portion of the public wasn't literate, these works often communicated scenes and stories without text. I'm inspired by that ability to communicate through imagery. My reinterpretation of the subject aims to bring that communication into the present tense.

AG: The installation was created in relation to a Renaissance courtyard. Which characteristics of this place (perspective axes, light, etc.) guided the project? Did you "inherit" elements of the spatial grammar of the Renaissance Annunciation (threshold, portico, hortus conclusus) without directly referencing them? In the *Silver Chest*, Fra Angelico sets the Annunciation in a courtyard, as in *THE MESSAGE* in the courtyard of Palazzo

il cellulare come emblema della comunicazione nella società contemporanea. In questa dialettica tra sacro e profano, quale messaggio l'opera intende trasmettere?

K: Il fatto che lo stesso "messaggio" possa essere interpretato in modo diverso a seconda di chi lo riceve è qualcosa che mi interessa esplorare costantemente, soprattutto nel clima attuale. Spero anche che lo spettatore si interroghi sulla provenienza del "messaggio": nel caso dell'Annunciazione tradizionale ci è stato detto da chi proveniva, ma nella mia scultura è meno evidente.

AG: Nella tua reinterpretazione dell'Annunciazione, il personaggio BFF assume i tratti dell'angelo, mentre COMPANION quelli di Maria. È stata una scelta deliberata basata sulle caratteristiche dei personaggi?

K: Seguire questa direzione è stato un impulso immediato: è ciò che mi è sembrato giusto.

AG: Come osserva lo storico dell'arte Joachim Pissarro: «La famiglia di KAWS è tale per cui ci si chiede dove inizino e dove finiscano il reale e l'immaginario. Il reale è diventato immaginario, e l'immaginario è reale». Nei tuoi personaggi, dove pensi che cominci il mondo fantastico, e quanto la realtà influenza il loro aspetto o comportamento? La realtà modella le forme dell'immaginario, o sono i tuoi personaggi a cambiare la realtà?

K: È difficile determinarlo con precisione. Sento che viviamo in un'epoca così ambigua da rendere difficile distinguere ciò che è reale da ciò che non lo è. Anche la mente non è sempre affidabile nel ricordare cosa sia davvero accaduto. Direi che tutte le mie opere nascono da un'esperienza o da un ricordo che potrebbe essere reale, o forse no.

AG: Il tema della vulnerabilità (vergogna, malinconia ecc.) è centrale in particolare nelle tue sculture. È presente anche in *THE MESSAGE*?

K: Non sono qui per dire cosa si dovrebbe provare guardando la scultura.

Strozzi. Were you familiar with that work? How important is it for you that the sculptures establish a dialogue with the architecture that houses them?

K: Yes, I was definitely familiar with that work. Of course, anytime I'm realizing a sculpture for public display, I'm considering the location, placement, sightlines, and how viewers will first see it and move around it. This time, the sculpture was created specifically for the Palazzo, guided by the architecture of the courtyard and the concurrent Fra Angelico exhibition.

AG: The title *THE MESSAGE* seems to relate two temporal and symbolic planes: on the one hand, the iconographic tradition of the Annunciation, in which the Archangel Gabriel acts as the messenger of the divine word; on the other, the telephone as an emblem of communication in contemporary society. In this dialectic between the sacred and the profane, what message does the work seek to convey?

K: I think the fact that the same "message" can be interpreted differently depending on who is receiving it is something I'm constantly interested in exploring, especially in today's climate. I also hope the viewer questions where the "message" is coming from. We've been told who the message was coming from in the case of the traditional Annunciation—in the case of my sculpture, it's less clear.

AG: In your reinterpretation of the Annunciation, your character BFF takes on the traits of the angel, while COMPANION takes on those of Mary. Was this a deliberate choice based on the characters' characteristics?

K: It was my immediate impulse to take this direction, it's what felt right.

AG: As art historian Joachim Pissarro observes: "KAWS's family is one in which we wonder where the real and imaginary begin and end. The real has become imaginary, and the imaginary is real." In your characters, where do you think the fantasy world begins, and how much does reality influence their appearance or behavior? Does reality shape imaginary forms, or do your characters change reality?

6.

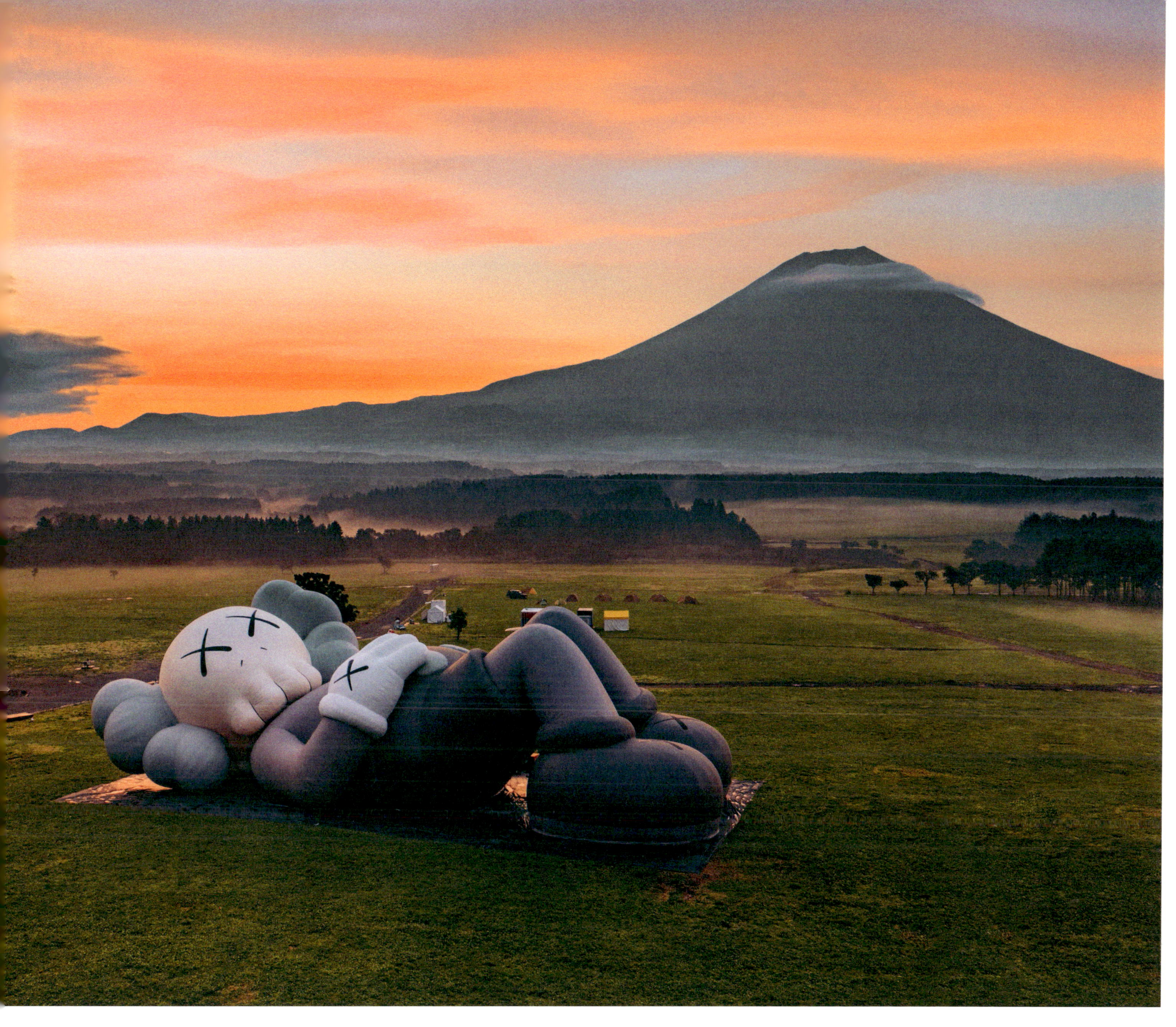

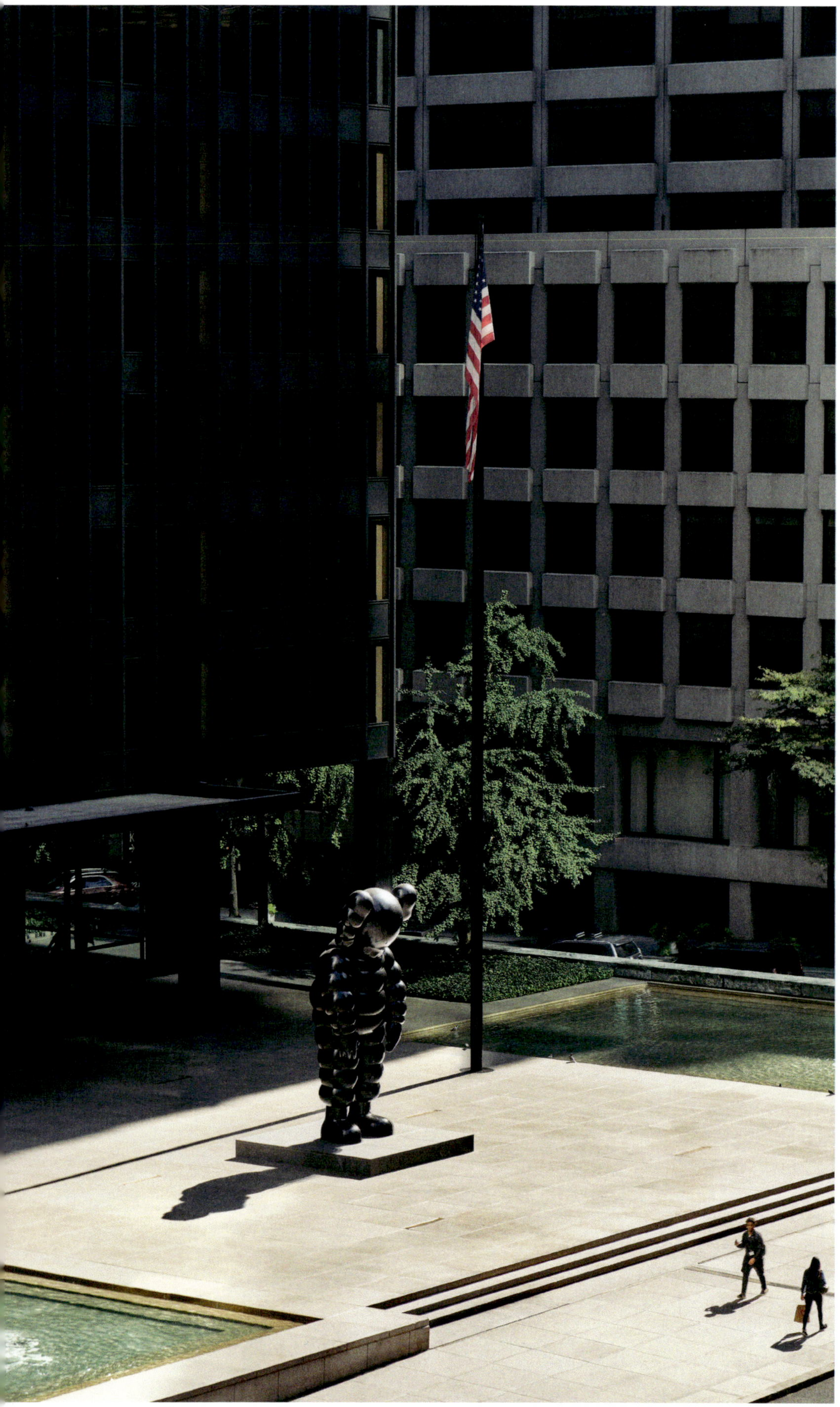

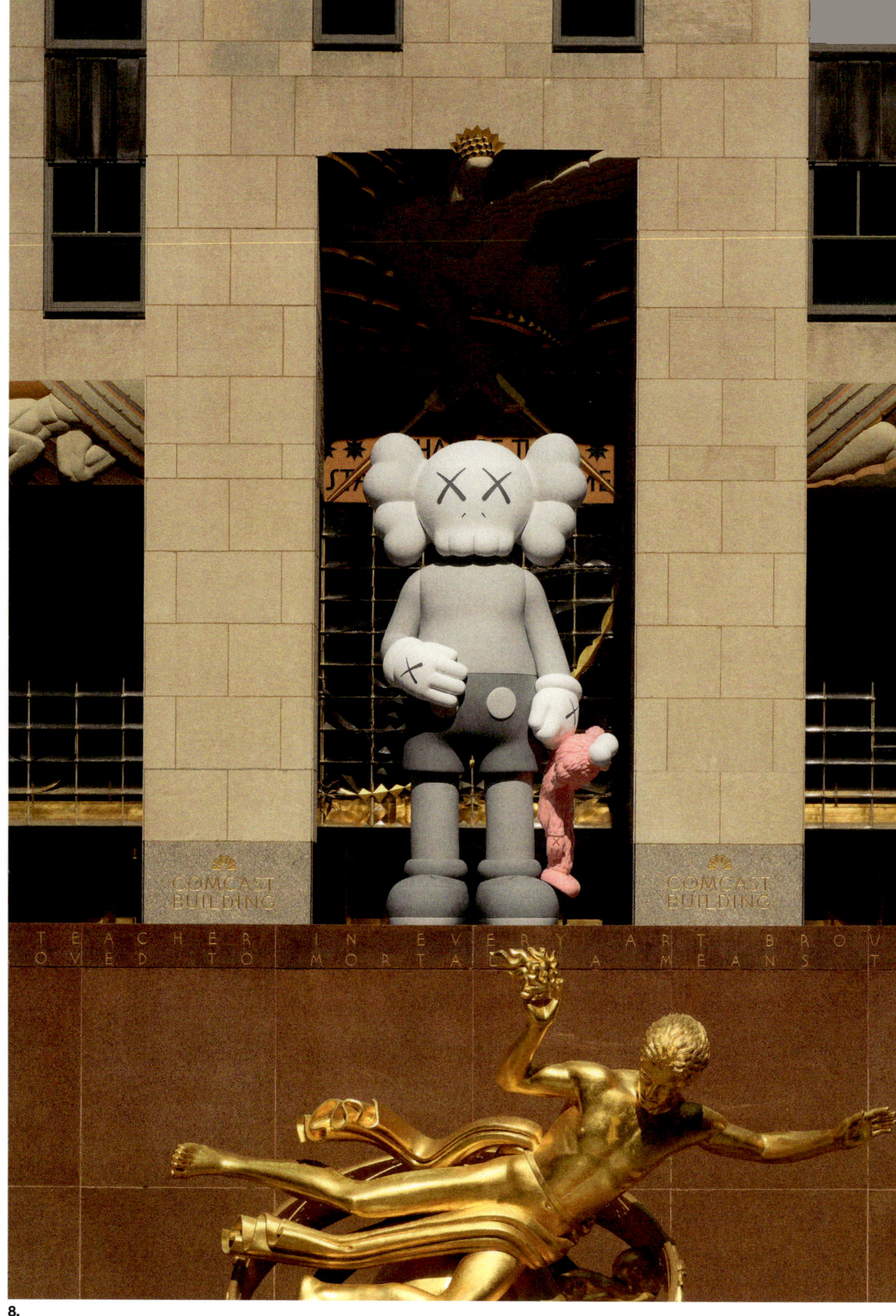

7.

8.

7.
KAWS
WHAT PARTY, 2020
Bronzo / Bronze
cm 609 × 293 × 239 /
240 × 115.5 × 94.25 in
Seagram Plaza, New York

8.
KAWS
SHARE, 2021
Bronzo, vernice / Bronze, paint
cm 539 × 277 × 178 /
212.25 × 109 × 70.25 in
Rockefeller Center, New York

AG: Fin dai tempi dei tuoi primi graffiti, hai pianificato con cura ogni progetto. In che modo questa attenzione alla pianificazione continua a guidare il tuo lavoro?

K: Sono sempre stato molto concentrato, ma questo non significa che abbia sempre un piano. Iniziare qualcosa con un'idea chiara è un buon punto di partenza, ma restare aperti ai cambiamenti lungo il percorso è altrettanto importante.

AG: Come scegli tra legno, vetroresina, metallo o strutture gonfiabili, che hanno caratteristiche molto diverse in termini di calore, lucentezza, opacità ecc.? Quale qualità tattile cerchi nelle tue opere?

K: Dipende totalmente dal contesto. All'inizio della mia carriera realizzavo sculture in vetroresina

K: That's a hard one to pin down. I feel like we are living in such a strange time that it's hard to differentiate what is real and what is not. The mind is also not so reliable in remembering what is or was the truth. I would say all the works I create come from an experience or memory that may or might not have happened.

AG: The theme of vulnerability (shame, melancholy, etc.) is central to your sculptural works in particular. Is it also found in *THE MESSAGE*?

K: I'm not here to say what one should feel when they look at the sculpture.

AG: Ever since your graffiti days, every project has been carefully planned. How does this focus on planning continue to guide your work?

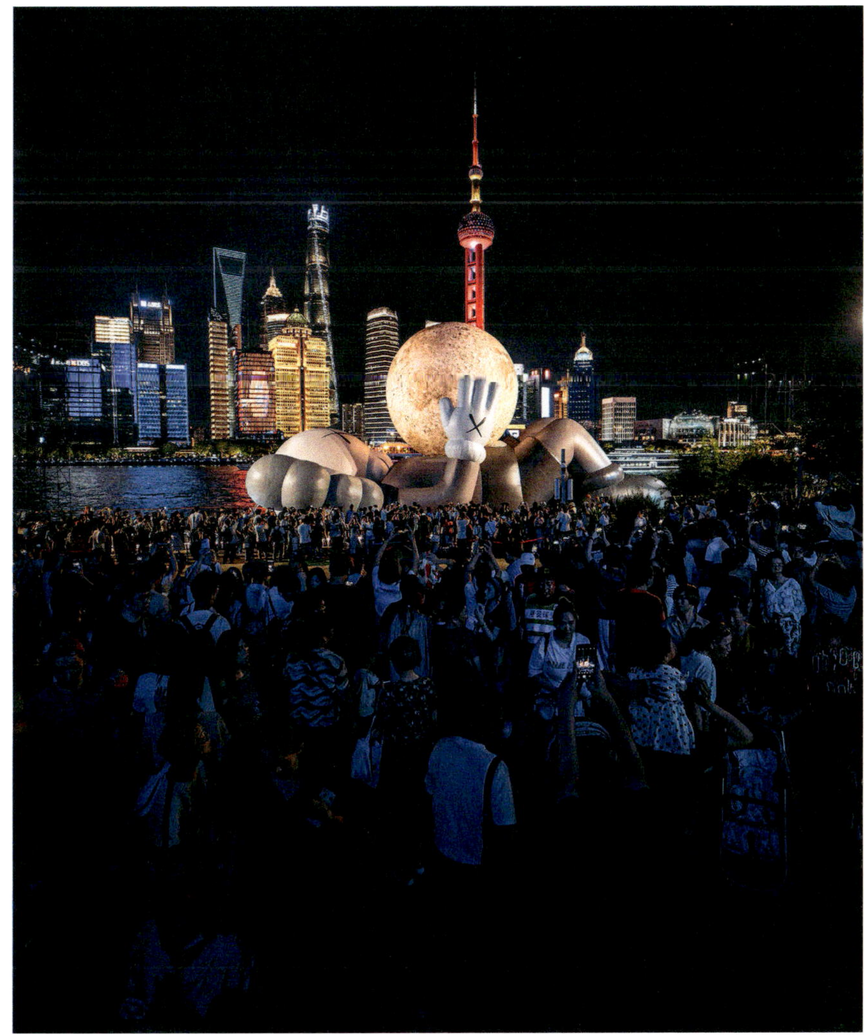

9.

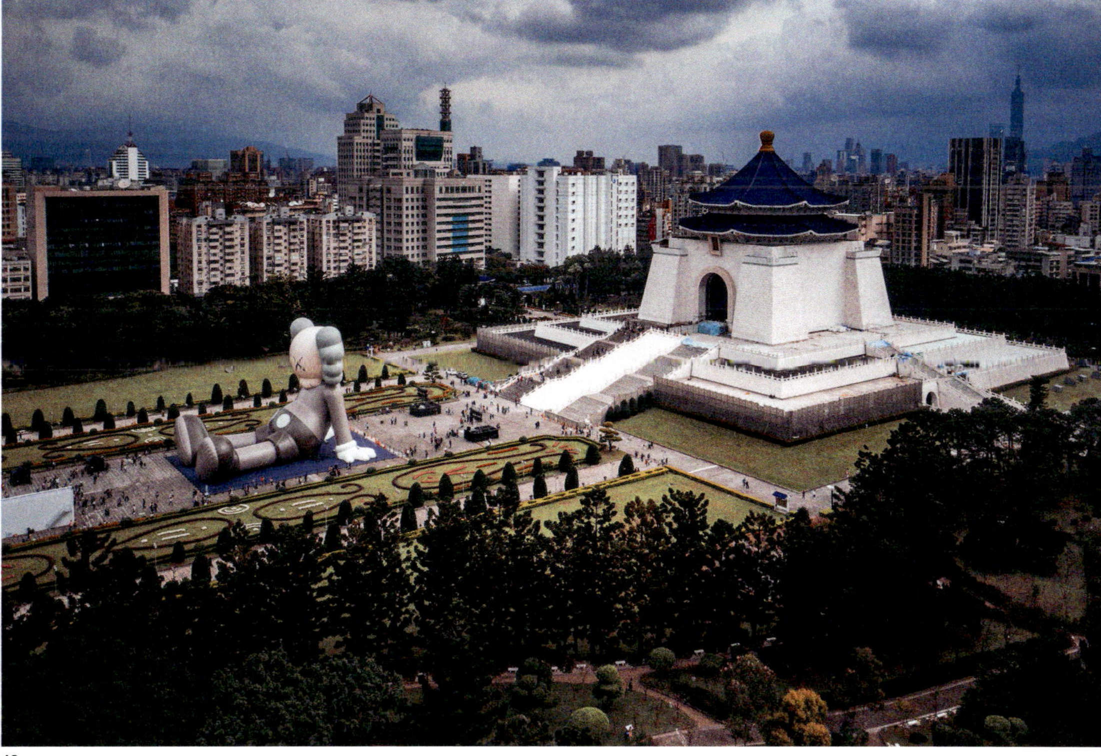

10.

9.
KAWS
HOLIDAY TAIPEI, 2019
Gonfiabile / Inflatable
lunghezza m 36 / 36 m long
Chiang Kai-shek Memorial
Hall, Taipei

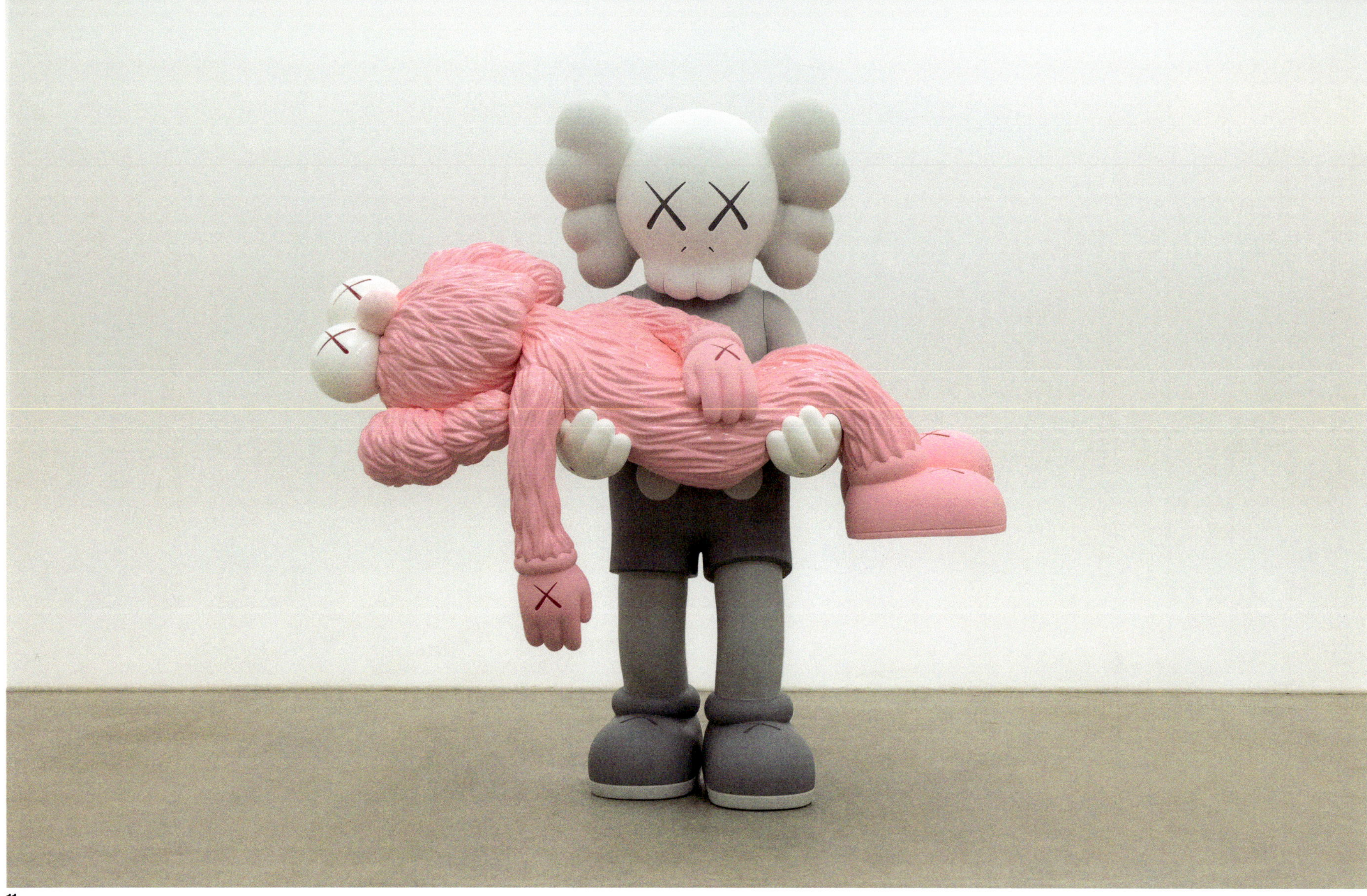

11.

perché era il materiale più accessibile in quel momento. Oggi preferisco lavorare con bronzo o legno per il significato che questi materiali rivestono nella storia dell'arte. Utilizzo sculture gonfiabili per raggiungere una certa scala che non sarebbe possibile con altri mezzi espressivi nei luoghi in cui le installo. Sebbene la natura dei gonfiabili li renda temporanei, l'esperienza di trovarsi accanto a qualcosa di così monumentale crea un rapporto del tutto nuovo con l'opera.

AG: Parlando di *AT THIS TIME* **(2013), hai descritto la scultura in legno, con la testa all'indietro e le mani sul viso, come un'opera capace di evocare un senso di piccolezza e al contempo un desiderio di protezione: «Pensavo al rapporto che, crescendo, ho avuto con i giocattoli di legno, e al calore e alla sensazione che danno quando li tieni in mano o li metti su una mensola o un tavolo e li fissi. Volevo ampliare quell'idea, creare una scultura in legno che ti facesse sentire piccolo**

K: I have always been very focused but it doesn't mean I always have a plan. Starting something with a plan is always a good way to begin, but being open to change along the way is very important.

AG: How do you choose between wood, fiberglass, metal, or inflatable structures, which have very different characteristics in terms of warmth, glossiness, opacity, etc.? What tactile quality are you looking for?

K: It totally depends on the context. Early on in my career I made sculptures out of fiberglass because that was what was possible for me at the time. For my sculptures now, I prefer to work in bronze or wood because of the art-historical significance of those materials. I use inflatable sculptures to achieve a certain scale that simply isn't possible in other mediums in the locations I am installing them. While the nature of the inflatables makes them temporary, the effect of standing next to something at such a massive scale creates a whole new relationship with the piece.

11.
KAWS
GONE, 2020
Bronzo, vernice / Bronze, paint
cm 180 × 181 × 79 /
71.25 × 71.5 × 31.125 in

ma, allo stesso tempo, volevo che lo spettatore sentisse di dover in qualche modo aiutare o consolare l'opera, nonostante le sue dimensioni imponenti». In che misura, dunque, la scelta del legno – e in particolare dell'afrormosia – è legata all'artigianalità dei giocattoli e a momenti chiave della tua vita, instaurando un dialogo tra passato e presente?

K: Quando ero bambino, ricordo la sensazione tattile di giocare con un giocattolo di legno. Evoca in me un senso di calore e nostalgia che credo molte persone condividano. Quando realizzo sculture monumentali in legno, quel calore rimane, ma il rapporto si trasforma: i ruoli si invertono e in questi casi è l'oggetto a sovrastarti, anziché il contrario.

AG: Nel 2018 hai creato *GONE*, in cui COMPANION porta in braccio BFF, in un chiaro rimando alla *Pietà* di Michelangelo. Al di là della scelta comune dei personaggi, anche in questo caso lavori con un celebre tema iconografico cristiano. Quale dialogo o continuità questa opera instaura con *THE MESSAGE*?

K: Quando ho creato *GONE* mio padre era appena scomparso e volevo realizzare un lavoro che parlasse della perdita. Non pensavo alla sua connessione con l'immaginario cristiano, ero più interessato al tema universale della perdita. È lo stesso con *THE MESSAGE*. Negli ultimi tempi mi sto concentrando molto sulla mancanza di comunicazione tra le persone.

AG: Molte delle tue sculture monumentali sono concepite per spazi pubblici. Questa scelta riflette il desiderio di democratizzare l'arte, un po' come avviene con i tuoi *toys*, pensati per raggiungere un ampio pubblico? Come tu stesso hai detto: «Per me implicano lo stesso processo mentale, quindi è buffo che quando realizzo un'opera in bronzo su grande scala venga chiamata scultura, mentre un oggetto in plastica di piccole dimensioni sia definito giocattolo». Possiamo interpretare le sculture pubbliche come una naturale estensione di questo stesso approccio?

K: Sono sempre stato interessato a instaurare un dialogo con chi normalmente non frequenta musei o gallerie d'arte. In questo senso, il lavoro

AG: Speaking of *AT THIS TIME* (2013), you described the wooden sculpture, with its head tilted back and hands on its face, as a work capable of evoking both a sense of smallness and a desire for protection: "I was thinking of the relationship I've had with wood toys growing up and the warmth and feeling they have when you hold them in your hand or place them on a shelf or table and stare at them. I wanted to expand on that, to create a wooden sculpture that makes you feel small but at the same time I want the viewer to feel like they should somehow help or console the work, despite its towering size." To what extent, then, is the choice of wood—in particular afromosia—linked to the craftsmanship of toys and key moments in your life, establishing a dialogue between past and present?

K: When I was a kid, I remember the tactile sensation of playing with a wooden toy. For me, it evokes a sense of warmth and nostalgia that I think a lot of people relate to. When I make monumental sculptures in wood, that warm feeling remains but the relationship totally changes when the roles are reversed and now the object is towering over you instead of the other way around.

AG: In 2018, you created *GONE*, in which COMPANION carries BFF in its arms, in a clear reference to Michelangelo's *Pietà*. Beyond the common choice of characters, in this case too you work with a famous Christian iconographic theme. What dialogue or continuity does this work establish with *THE MESSAGE*?

K: When I created *GONE* my father had just passed and I wanted to create a piece dealing with loss. I wasn't thinking of its connection to Christian imagery, I was more interested in the universal theme of loss. It's the same thing with *THE MESSAGE*. I am really focusing on the disconnect between people these days.

AG: Many of your monumental sculptures are designed for public spaces. Does this choice reflect a desire to democratize art, somewhat like your toys, which are designed to reach a wide audience? As you yourself have said, "To me they involve the same thought process, so it's funny that when I work big in bronze it's called a sculpture, but something I do that's small and

pubblico ha per me un ruolo fondamentale. Quando le mie opere appaiono in contesti inaspettati – che sia una piazza o una scatola di cereali al supermercato – spero di raggiungere quelle persone che di solito non avrebbero alcun contatto con l'arte. Se si incuriosiscono per il mio lavoro, magari finiranno per scoprire altri artisti, o per visitare una mia mostra e guardare cos'altro è esposto in museo mentre sono lì. Per esempio, se un giovane che conosce già il mio lavoro entra per la prima volta a Palazzo Strozzi per vedere la mia scultura, magari si sentirà spinto a visitare la mostra su Beato Angelico e a scoprire qualcosa di nuovo. E la stessa cosa spero succeda alla rovescia per le molte persone che verranno a Palazzo Strozzi per Beato Angelico e che si troveranno a interagire con il mio lavoro per la prima volta.

AG: Penso a *NEW FICTION* (2022), una mostra accessibile anche su Fortnite. Allo stesso tempo, le tue sculture monumentali si stagliano negli spazi pubblici, popolate dagli stessi personaggi. Possiamo interpretare queste esperienze come modi diversi di dare vita alle tue figure in più dimensioni, mantenendo l'idea di ampliarne la fruizione e promuovere una maggiore democratizzazione dell'arte?

K: Se una persona si imbatte nella mia mostra alla Serpentine su Fortnite, in una dimensione che le è già familiare, vivrà un'esperienza con l'arte a cui normalmente non sarebbe esposta. Potrebbe potenzialmente suscitare curiosità, spingerla a cercare di più e mostrarle possibilità che forse non avrebbe mai immaginato. Quando ero più giovane, avevo pochissime occasioni di entrare in contatto con musei o opere d'arte: ciò che mi colpiva erano le grafiche sulle magliette, sugli skateboard o sulle riviste. Spero di poter raggiungere oggi le persone nello stesso modo, attraverso progetti come questo.

AG: Il tuo lavoro sembra scardinare le categorie tradizionali di arte "alta" e "bassa": appropriandoti di immagini popolari, ne preservi le caratteristiche distintive generando al tempo stesso nuove forme e significati. Questo atteggiamento sembra indicare una certa impazienza verso le categorie convenzionali. Quanto è importante per te operare in questo spazio di confine, e ci sono artisti o riferimenti particolari che hanno influenzato questo approccio?

plastic is called a toy." Can we interpret public sculptures as a natural extension of this same approach?

K: I've always been interested in having a dialogue with the public that do not normally go to museums or galleries to seek out art, naturally public work plays a large part in that. When my work shows up in unexpected places—whether in a public plaza or on a cereal box at the grocery store—my hope is to connect with someone who might not normally interact with art. If they take an interest in my work, perhaps it will lead them to start looking at other artists or lead them to visit one of my shows and exploring what else is hanging in the museum while they're there.
For example, if a young fan in Florence walks into Palazzo Strozzi for the first time to view my sculpture, maybe they'll feel compelled to head into the Fra Angelico show and open their world to something they otherwise wouldn't have experienced. That also works in reverse for the many people visiting Fra Angelico and are suddenly interacting with my work for the first time.

AG: I am thinking of *NEW FICTION* (2022), an exhibition also accessible on Fortnite. At the same time, your monumental sculptures stand out in public spaces, animated by the same characters. Can we interpret these experiences as different ways of bringing your figures to life in multiple dimensions, while maintaining the idea of broadening their enjoyment and promoting greater democratization of art?

K: If a person comes across my Serpentine show in Fortnite, a world they are already familiar and comfortable with, they'll have this experience with art that they normally wouldn't be exposed to. It has the potential to spark an interest within them to seek out more and show them things they might not have thought possible. When I was younger, I had very little exposure to museums or art. The things that reached me were the graphics on my t-shirts or skateboards and magazines. I hope to reach people in the same way through projects like this.

AG: Your work seems to disrupt the traditional categories of "high art" and "low art"; by appropriating popular images, you preserve their distinctive features while generating new forms and meanings. This attitude seems to indicate a

K: Penso di essere sempre stato attratto da artisti che sfuggono alle categorie. Essere onesti con se stessi e con i propri obiettivi è la cosa più importante. Visitare il Pop Shop di Keith Haring quando ero giovane è stata una di quelle esperienze che mi hanno davvero aperto gli occhi su un artista che ha messo i propri interessi davanti a ciò che era accettato all'epoca. Lo ammiro molto per il modo in cui è rimasto fedele alla sua visione lasciando che il mondo attorno a lui si allineasse.

AG: Come descriveresti il tuo rapporto con Haring? In che misura l'esperienza del Pop Shop ha influenzato il tuo approccio alla cultura pop e alla diffusione delle tue opere, in particolare con l'apertura di OriginalFake? Alcuni hanno collegato queste esperienze a The Store di Claes Oldenburg che, per la sua natura radicale, sembra più vicino a un museo della cultura popolare che a una galleria commerciale. Sei d'accordo con questa interpretazione?

certain impatience with conventional categories. How important is it for you to operate in this borderline space, and are there any particular artists or references that have influenced this approach?

K: I think I've always gravitated towards artists that fall outside of categorization. Being honest with yourself and your goals is the most important thing. Visiting Keith Haring's Pop Shop when I was younger was one of those experiences that really opened my eyes to an artist that put his own interests ahead of what was accepted at the time. I really admire him for the way he stuck to his vision and let the world around him catch up.

AG: How would you describe your relationship with Keith Haring? To what extent did the Pop Shop experience influence your approach to pop culture and the dissemination of your works, particularly with the opening of OriginalFake? Some have linked these experiences to Claes

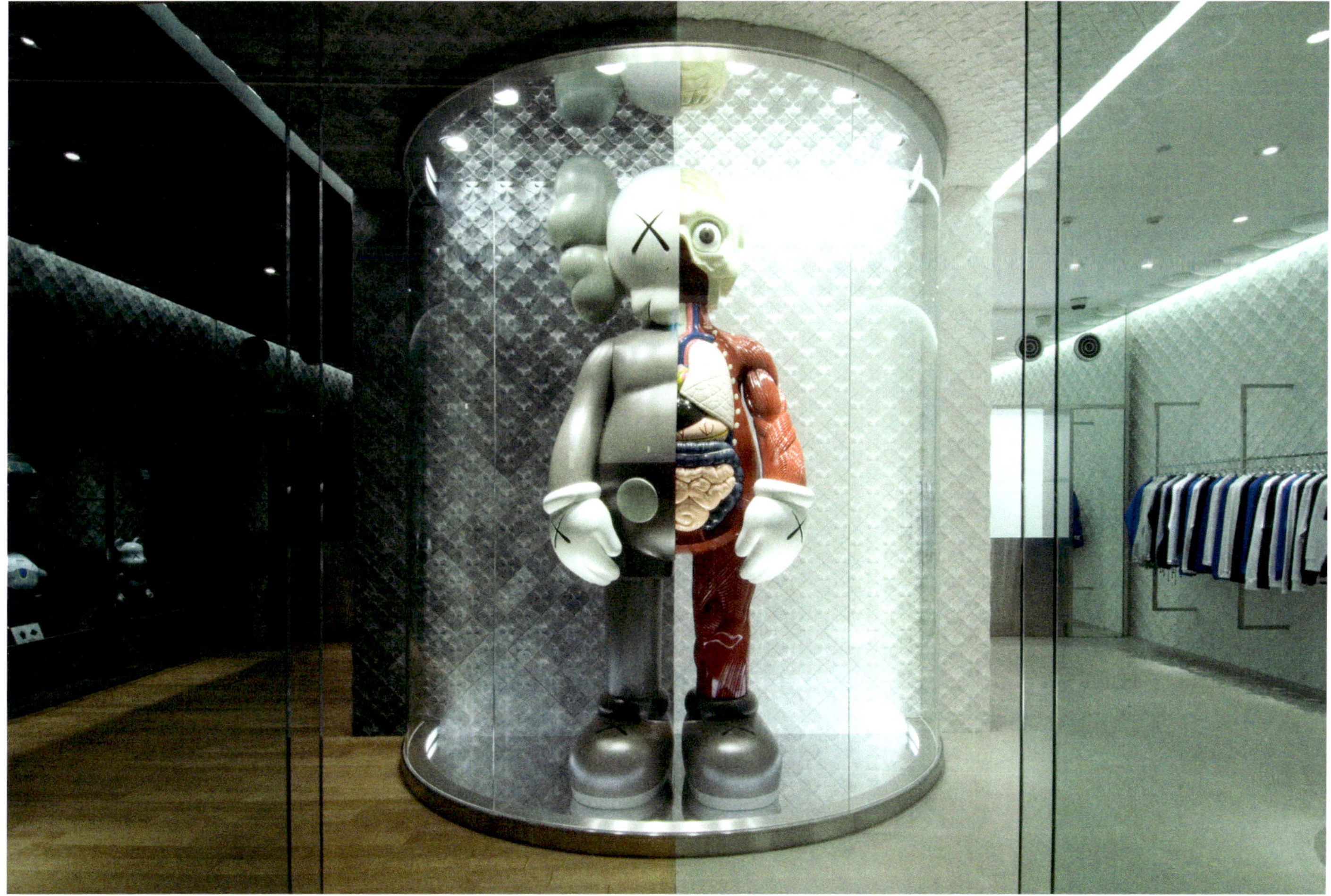

12.

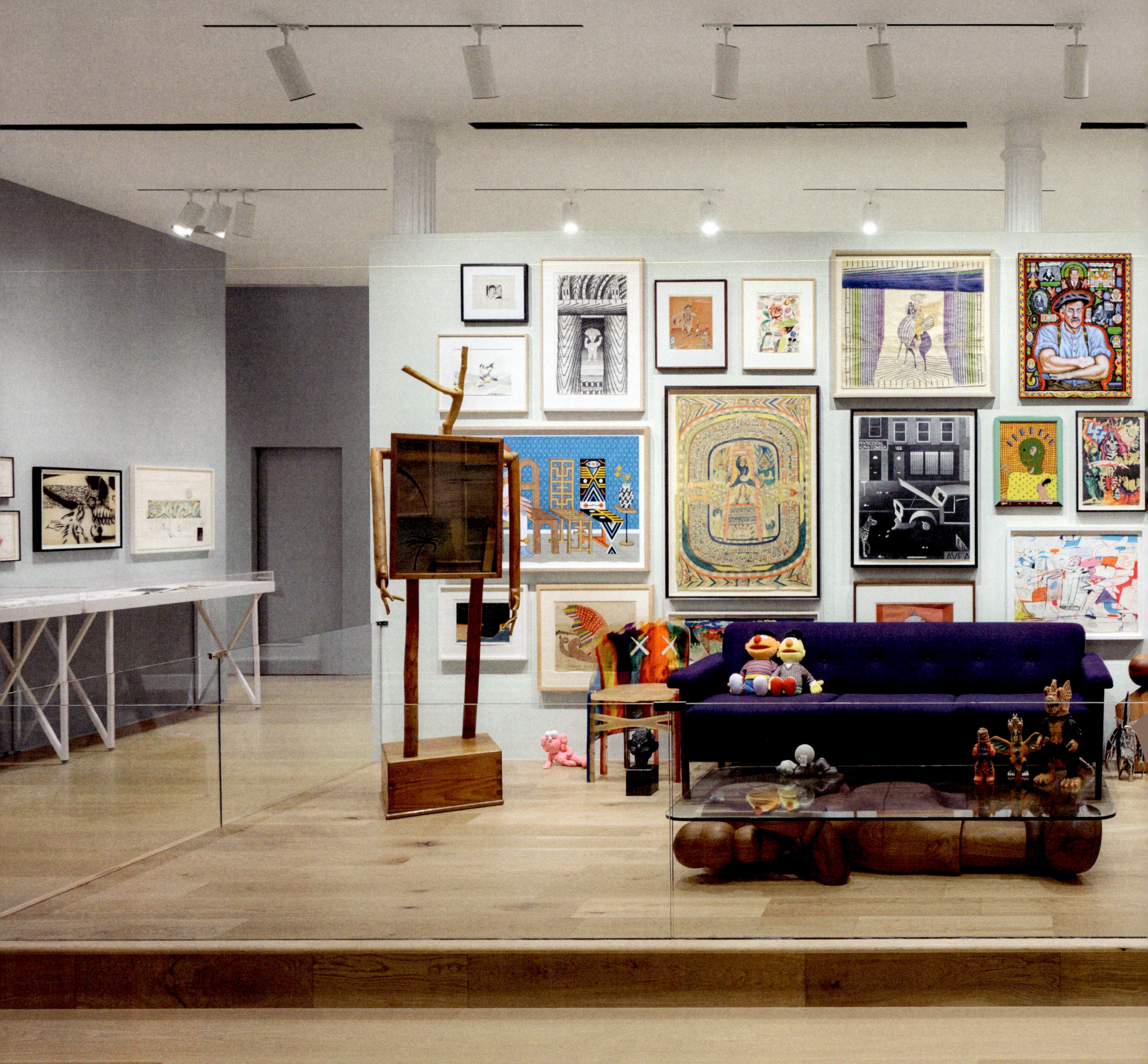

13.

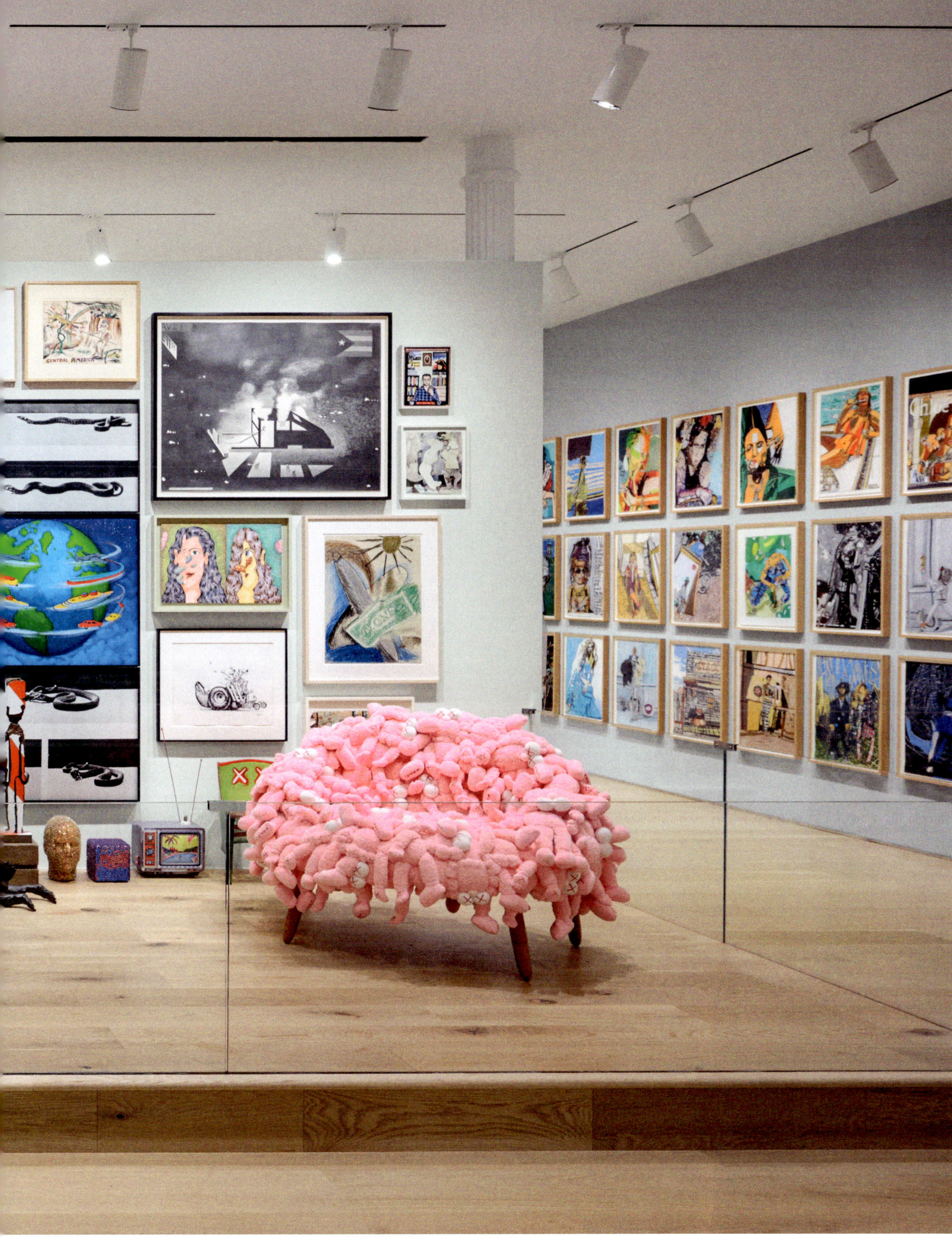

13.
*The Way I See It: Selections
from the KAWS Collection,*
**The Drawing Center, New York,
2024**
Veduta dell'installazione /
Installation view

K: Il Pop Shop era un luogo che portava il lavoro di Keith fuori dal contesto delle gallerie e nel mondo reale, per permettere alla sua arte di diffondersi presso un pubblico molto più vasto che magari non era abituato a visitare gallerie o musei. Questo è più vicino a ciò che mi proponevo di ottenere con OriginalFake. The Store di Oldenburg sembrava più un progetto artistico destinato a un pubblico dell'arte. Creare una scultura dipinta che rappresenta un orologio è molto diverso dal progettare un orologio funzionante, come fece Keith con Swatch.

AG: La tua produzione spazia dalle edizioni ai pezzi unici, con opere presenti in spazi commerciali, gallerie e musei. Quale ruolo attribuisci oggi al formato "edizione" rispetto alla scultura monumentale pensata per lo spazio pubblico? Dopo la prima esposizione, molte tue opere conoscono una seconda vita attraverso reinstallazioni, trasformazioni o nuove versioni. Come immagini la possibile evoluzione di un progetto site-specific concepito per Firenze?

K: Spesso una scultura può avere anche una "prima vita" in forma più piccola. Una volta creata un'opera le concedo la libertà di muoversi tra scale e materiali come ritengo opportuno. Mi piace creare edizioni collegate a installazioni più grandi perché l'idea di oggetti che occupano spazi intimi nelle case di qualcuno è attraente quanto quella di averli in uno spazio pubblico. Offre all'opera modi diversi di essere vissuta, e questo per me è importante.

AG: Nel tuo lavoro, la trasformazione di icone popolari in figure monumentali o in *toys* sembra giocare con il concetto di kitsch. Quanto è centrale questa tensione tra cultura popolare e cultura alta nella tua ricerca? Possiamo dire che il confondere i confini tra queste categorie porti naturalmente alla creazione di opere percepibili come kitsch?

K: Non penso sia così. Il fatto che un qualcosa sia popolare o facilmente comprensibile, e che non sia esclusivo appannaggio delle classi sociali più alte, non lo rende kitsch. Credo che questo sia un modo superato di guardare al mondo.

AG: Esporre regolarmente in contesti e luoghi molto diversi (musei, spazi pubblici e

Oldenburg's The Store, which, due to its radical nature, seems closer to a museum of popular culture than a commercial gallery. Do you agree with this interpretation?

K: The Pop Shop was a place that took Keith's work outside of the gallery context and into the real world to let his artwork disseminate to a much larger audience that might not be accustomed to visiting galleries or museums. This is closer to what I aimed to do with OriginalFake. Oldenburg's The Store seemed like more of an art project created for an art audience. Creating a painted sculpture about a watch is very different than designing a functioning watch the way Keith did with Swatch.

AG: Your career encompasses both editions and unique pieces, and your works can be found in commercial spaces, galleries, and museums. What is the function of the "edition" as a format today, compared to monumental sculpture in public spaces? After an initial exhibition, your works often have a second life (reinstallations, transformations, editions). How do you imagine the second life of a site-specific project designed for Florence?

K: Often a sculpture might have a first life as a smaller form as well. Once a work is created I give it the freedom to move between scale and materials as I see fit. I like creating editions that connect to larger installations because the idea of objects occupying intimate spaces in someone's home is just as appealing as having it in a public space. It gives the work different ways to be experienced and that's important to me.

AG: In your work, the transformation of popular icons into monumental figures or toys seems to play with the concept of kitsch. How central is this tension between popular and high culture in your research? Can we say that the blurring of boundaries between these categories naturally leads to the creation of works that can be perceived as kitsch?

K: I don't think so. Just because something is popular or widely understood and not just exclusive to the wealthy doesn't make it kitsch. I think that's an outdated way of looking at the world.

AG: You regularly exhibit in very different contexts and locations (museums, public spaces,

ambienti digitali) ti permette di raggiungere pubblici globali. In che modo il cambio di città, culture e codici visivi influenza le tue decisioni formali (scala, materiali, installazione) e il modo in cui immagini la fruizione delle opere? Quando lavori su progetti site-specific, cosa resta costante nel tuo vocabolario visivo e cosa invece adatti, di volta in volta, al luogo? C'è stato un caso in cui il contesto ha cambiato in modo considerevole il significato o la ricezione di una tua opera?

K: Mi impegno davvero perché il mio lavoro sia riconoscibile e coinvolgente a prescindere dalla cultura o dalla posizione geografica in cui si trova. Non adatto le mie decisioni in base a questi fattori.

AG: Ci troviamo a Firenze, città famosa in tutto il mondo per le sue straordinarie collezioni d'arte, culla dell'idea moderna di mecenatismo. Sei conosciuto non solo come artista, ma anche come collezionista. Hai detto che collezionare "ti nutre": in che modo questa attività influenza la tua pratica artistica?

K: Collezionare mi permette di uscire dal mio lavoro e considerare prospettive o modi di creare diversi. Uso anche la mia collezione come una sorta di biblioteca di riferimento per studiare come certi artisti o movimenti si siano sviluppati ed evoluti nel tempo. Peter Saul è un buon esempio: guardando la progressione dei suoi dipinti dagli anni Sessanta ai Settanta, dagli Ottanta fino a oggi, si vedono chiaramente i cambiamenti nella sua prospettiva e nella sua tecnica. È qualcosa che trovo incredibilmente affascinante e che alimenta il mio lavoro.

AG: Se dovessi riassumere in una frase l'esperienza ideale che desideri per le persone che attraversano il cortile, quale sarebbe?

K: Vorrei che non fossero sicure di ciò che hanno appena visto.

and digital environments), reaching global audiences. How does changing cities, cultures, and visual codes affect your formal decisions (scale, materials, installation) and the way you imagine the works being enjoyed? When you work on site-specific projects, what remains constant in your visual vocabulary and what do you adapt to the location? Has there been a case where the local context has significantly changed the meaning or reception of one of your works?

K: I really strive for my work to be relatable regardless of culture or geographic location. I don't adjust my decision making based on those factors.

AG: We are in Florence, a city famous worldwide for its extraordinary art collections, the birthplace of the modern idea of patronage. You are known not only as an artist, but also as a collector. You have said that collecting "nourishes you": how does this activity influence your artistic practice?

K: Collecting allows me to step outside of my own work and consider different perspectives or ways of creating. I also use my collection as a sort of reference library to study how certain artists or movements developed and progressed over time. Peter Saul is a good example of this; looking at the progression of his paintings from the 1960s through the 1970s, 1980s, up through the present day, you can clearly see his perspective and technique shift. That's something I find endlessly fascinating and it helps to fuel my work.

AG: If you had to sum up in one sentence the ideal experience you would like people to have when walking through the courtyard, what would it be?

K: I would like them to be unsure about what they just saw.

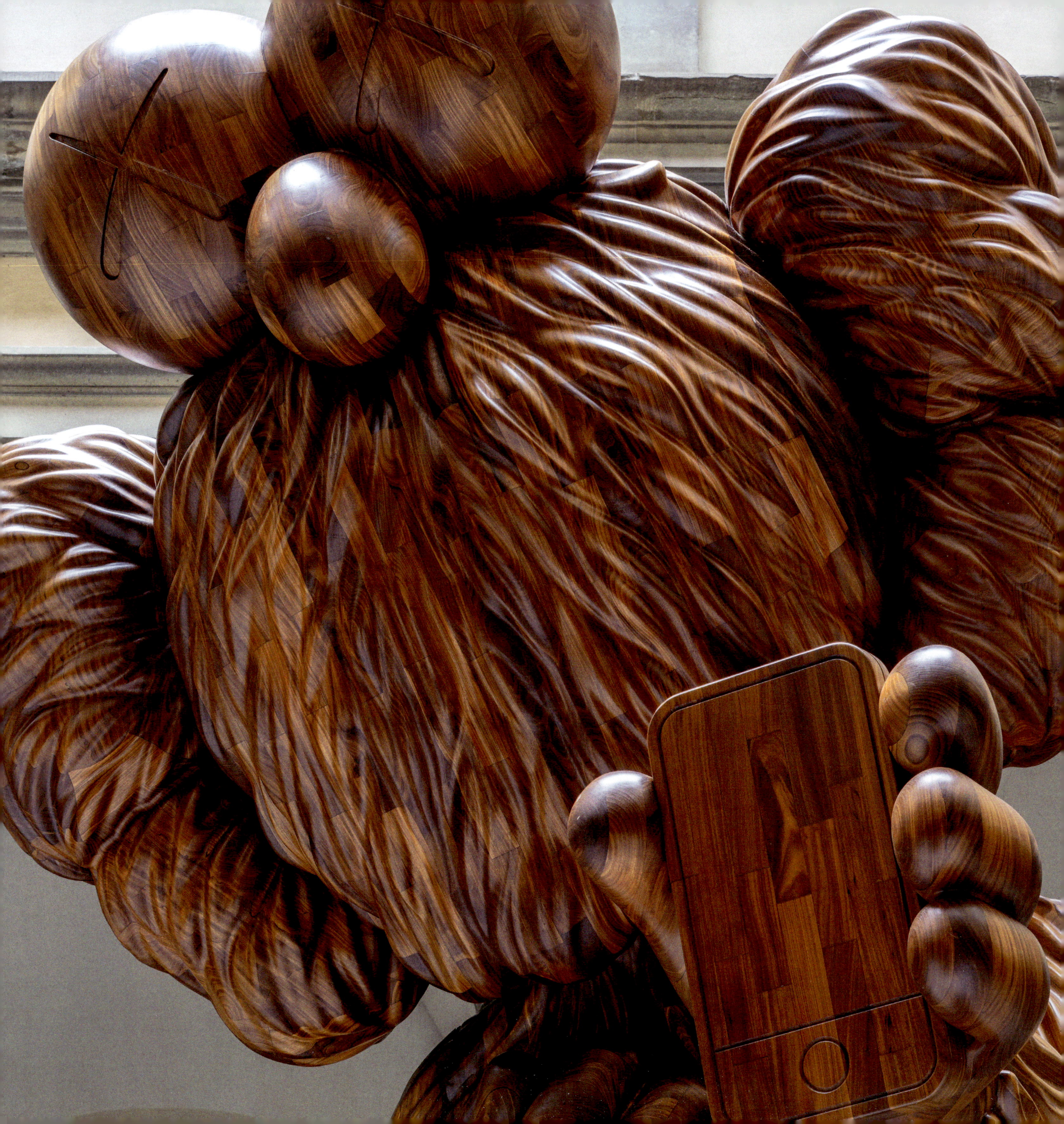

KAWS: BIOGRAFIA BIOGRAPHY

KAWS coinvolge il pubblico anche al di fuori dei musei e delle gallerie in cui solitamente espone. La sua ricca produzione artistica a cavallo tra il mondo dell'arte e il mondo del design comprende dipinti, murali, grafica e design del prodotto industriale, nonché sculture di grandi dimensioni. Negli ultimi trent'anni KAWS si è costruito una carriera di successo con lavori che non mancano mai di ribadire la sua abilità formale, la sua arguzia irriverente e l'affetto che nutre per il nostro tempo. Il suo raffinato linguaggio grafico dà nuova vita all'arte figurativa con gesti ambiziosi e audaci e con dettagli giocosi.

Spesso KAWS si appropria delle animazioni e dell'iconografia della cultura pop, traendone ispirazione e coniando un lessico artistico unico che si serve di vari mezzi espressivi. Apprezzato per le sculture sensazionali e i dipinti dai forti contrasti in cui mette in risalto linee e colori, l'artista ha creato un cast di personaggi ibridi dei cartoni animati che esemplificano in modo incisivo la sua indagine dell'umanità. Come è emerso dalle collaborazioni con i marchi globali, il suo immaginario dotato di un umorismo sofisticato esprime un'attenta interazione con

KAWS engages audiences beyond the museums and galleries in which he regularly exhibits. His prolific body of work straddles the worlds of art and design to include paintings, murals, graphic and product design, and large-scale sculptures. Over the last three decades KAWS has built a successful career with work that consistently shows his formal agility as an artist, as well as his underlying wit, irreverence, and affection for our times. His refined graphic language revitalizes figuration with both big, bold gestures and playful intricacies.

KAWS often appropriates and draws inspiration from pop culture animations and iconography, forming a unique artistic vocabulary across mediums. Admired for his larger-than-life sculptures and hardedge paintings that emphasize line and color, KAWS' cast of hybrid cartoon characters are the strongest examples of his exploration of humanity. As seen in his collaborations with global brands, KAWS' imagery possesses a sophisticated humor and reveals a thoughtful interplay with consumer products. With their broad appeal, KAWS' artworks are highly sought-after by collectors inside and outside of the art world, establishing him as a uniquely prominent artist and influence in today's culture.

i beni di consumo. Con le sue opere accattivanti, ricercate sia da musei e istituzioni artistiche che da collezionisti privati, KAWS si è imposto come un artista unico e autorevole capace d'influenzare la cultura contemporanea.

KAWS (nato nel 1974 a Jersey City, New Jersey, vive e lavora a Brooklyn, New York) ha esposto le sue opere in mostre personali allestite in numerose e importanti istituzioni tra cui: San Francisco Museum of Modern Art, San Francisco, California (2025); Crystal Bridges Museum of American Art, Bentonville, Arkansas (2025); The Andy Warhol Museum, Pittsburgh, Pennsylvania (2024); Parrish Art Museum, Water Mill, New York (2024); Art Gallery of Ontario, Toronto, Canada (2023); Serpentine Gallery, Londra, Regno Unito (2022); Mori Arts Center Gallery, Tokyo, Giappone (2021); The Brooklyn Museum, New York (2021); The National Gallery of Victoria, Melbourne, Australia (2019); Fire Station, Qatar Museums, Doha, Qatar (2019); Contemporary Art Museum St. Louis, Missouri (2017); Yuz Museum, Shanghai, Cina (2017); Modern Art Museum of Fort Worth, Texas (2016); Yorkshire Sculpture Park and Longside Gallery, West Yorkshire, Regno Unito (2016); Centro de Arte Contemporáneo, Malaga, Spagna (2014); Pennsylvania Academy of Fine Arts, Philadelphia (2013); High Art Museum, Atlanta, Georgia (2011); Aldrich Museum of Contemporary Art, Ridgefield, Connecticut (2010).

KAWS (b. 1974, Jersey City, New Jersey; lives and works in Brooklyn, New York) has exhibited extensively in renowned institutions, including solo exhibitions at: San Francisco Museum of Modern Art, San Francisco, California (2025); Crystal Bridges Museum of American Art, Bentonville, Arkansas (2025); The Andy Warhol Museum, Pittsburgh, Pennsylvania (2024); Parrish Art Museum, Water Mill, New York (2024); Art Gallery of Ontario, Toronto, Canada (2023); Serpentine Gallery, London, United Kingdom (2022); Mori Arts Center Gallery, Tokyo, Japan (2021); The Brooklyn Museum, New York, New York (2021); The National Gallery of Victoria, Melbourne, Australia (2019); Fire Station, Qatar Museums, Doha, Qatar (2019); Contemporary Art Museum St. Louis, Missouri (2017); Yuz Museum, Shanghai, China (2017); Modern Art Museum of Fort Worth, Texas (2016); Yorkshire Sculpture Park and Longside Gallery, West Yorkshire, United Kingdom (2016); Centro de Arte Contemporáneo, Málaga, Spain (2014); Pennsylvania Academy of Fine Arts, Philadelphia (2013); High Art Museum, Atlanta, Georgia (2011); and Aldrich Museum of Contemporary Art, Ridgefield, Connecticut (2010).

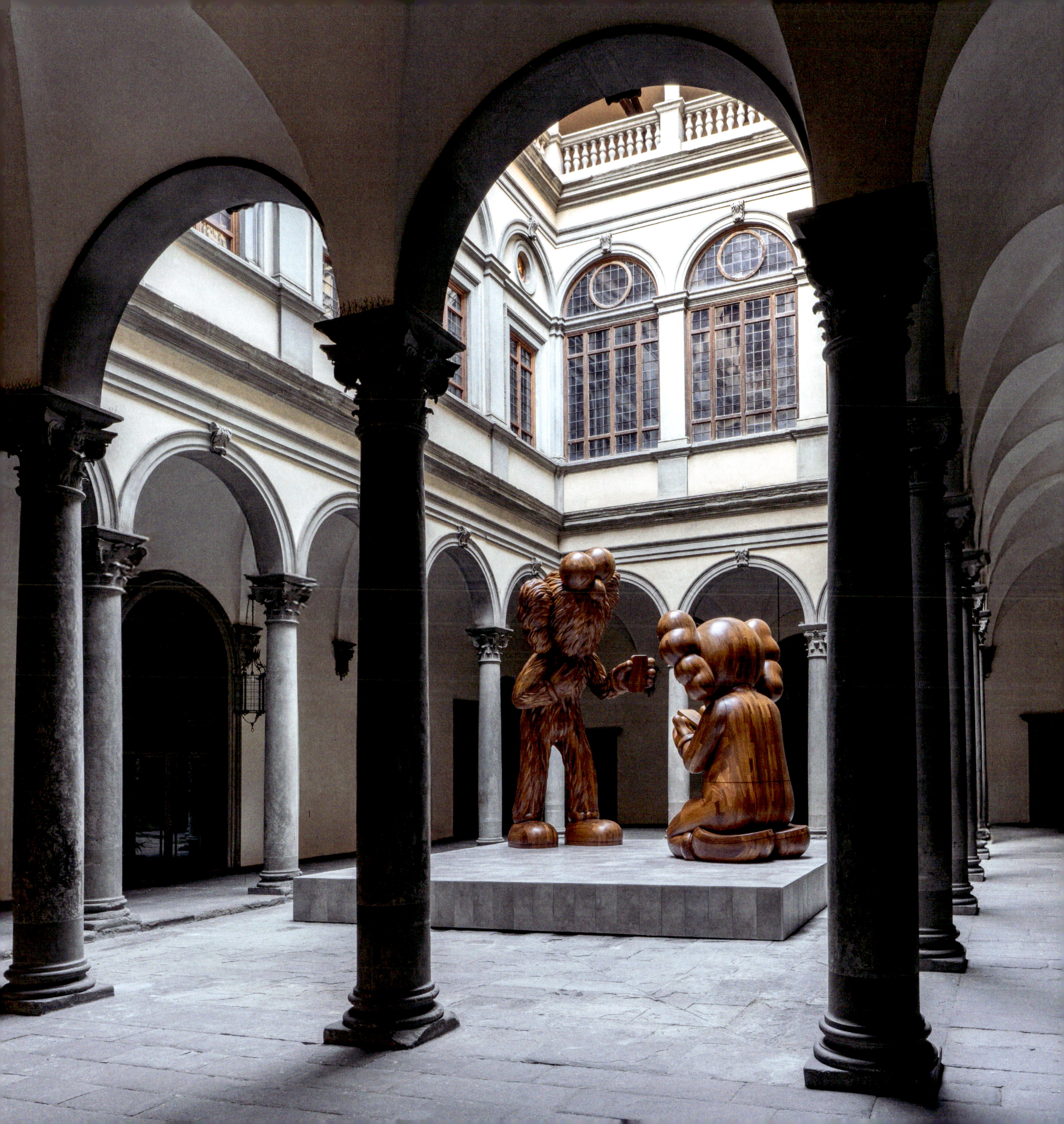

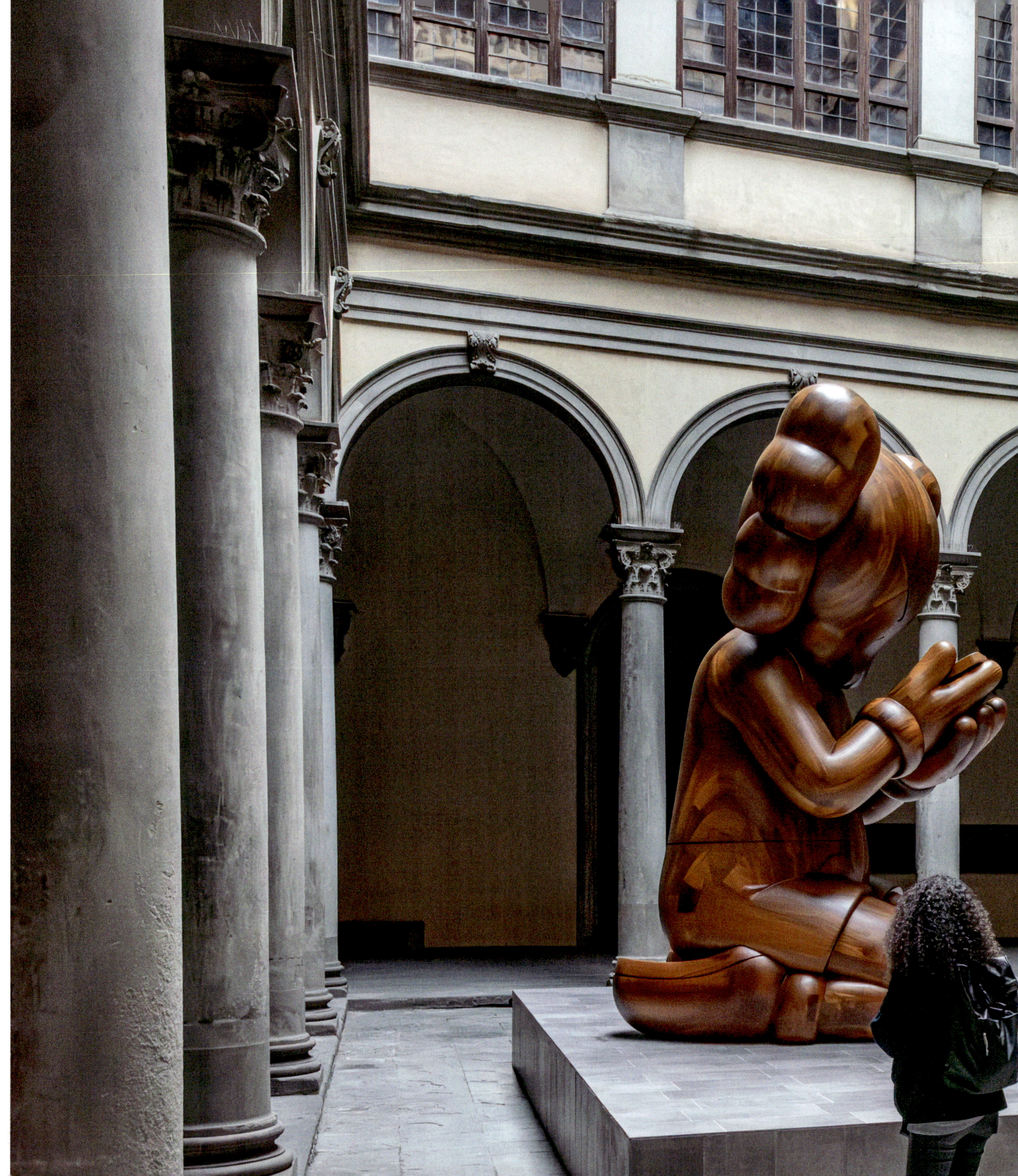

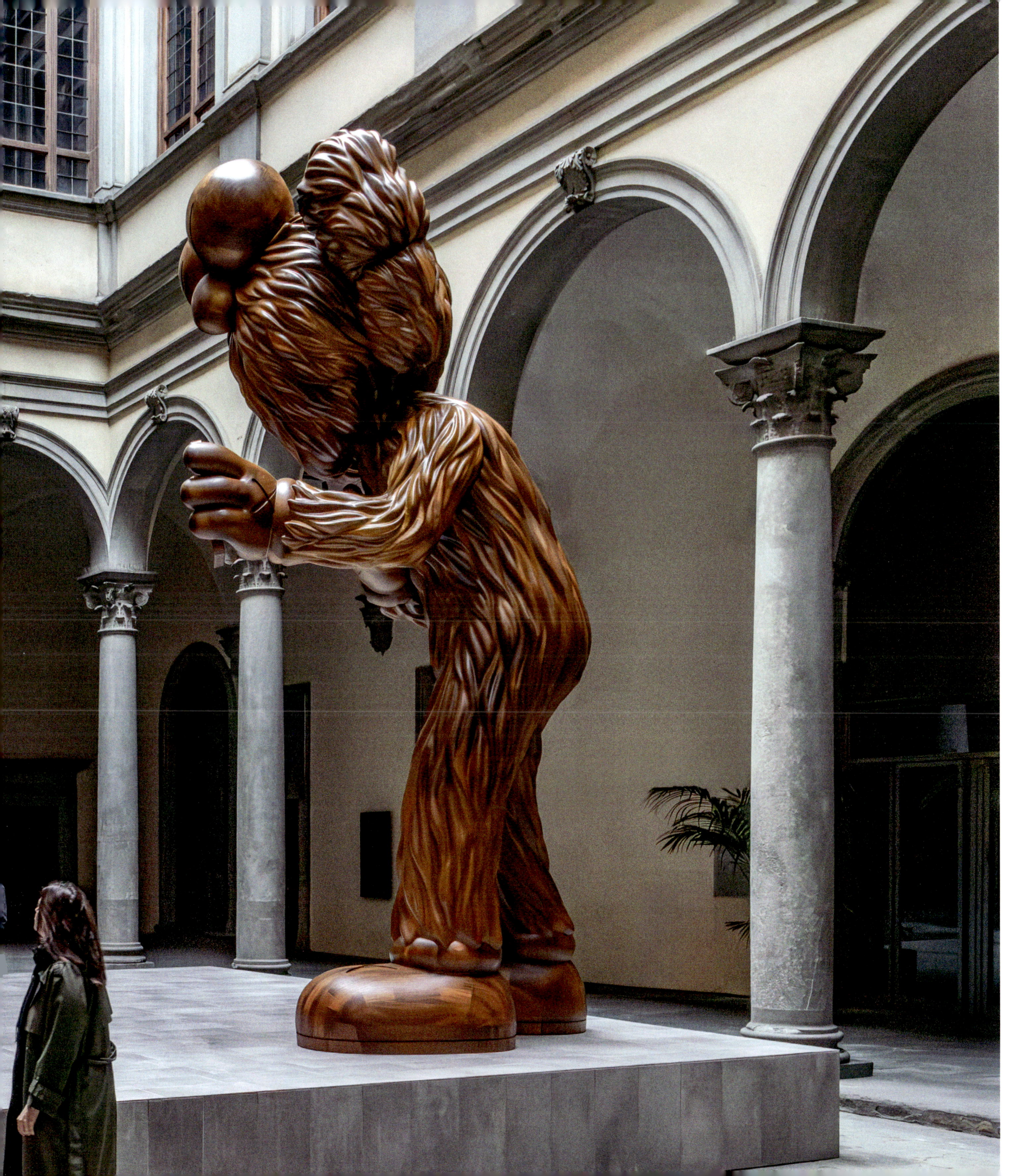

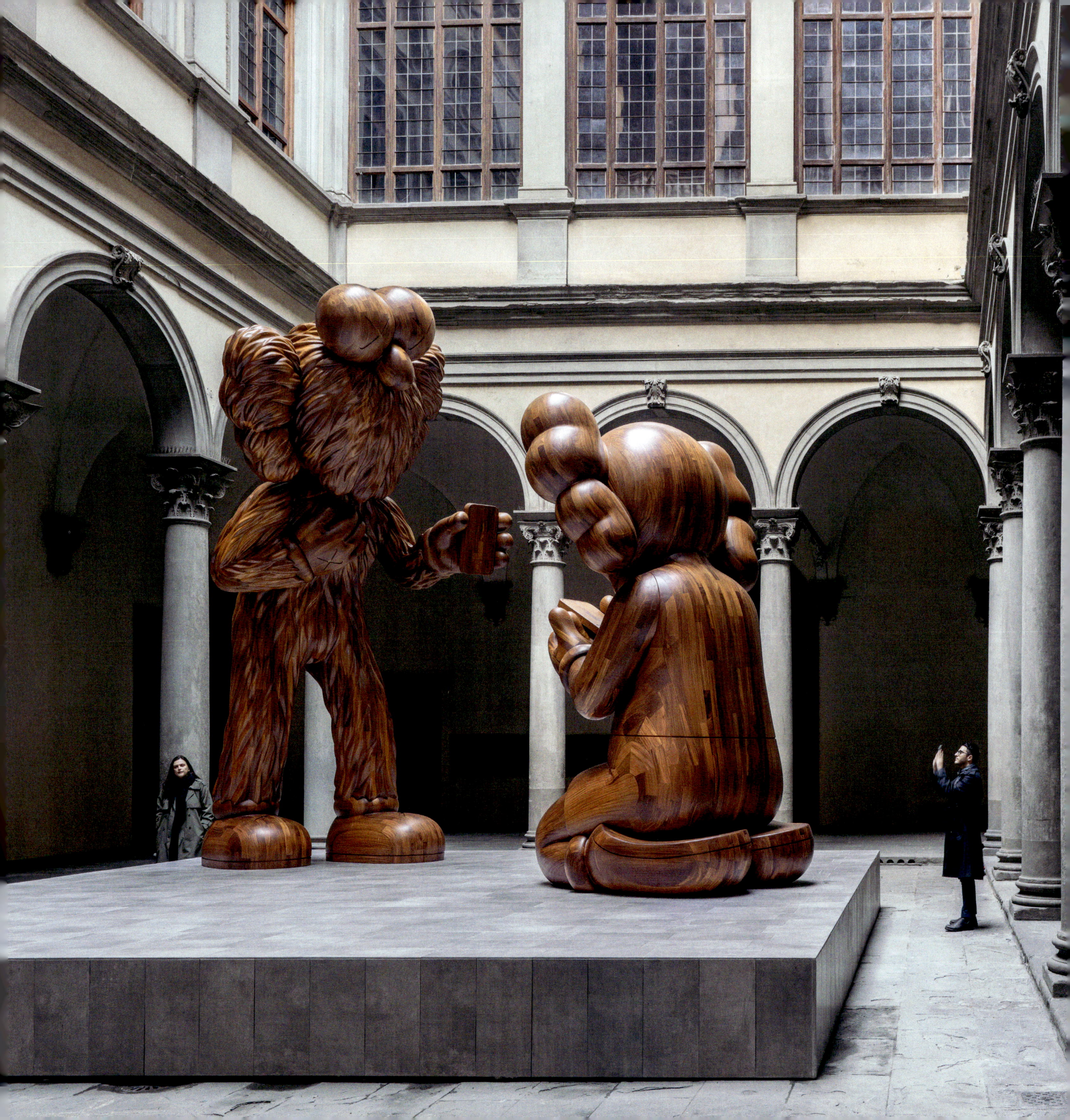

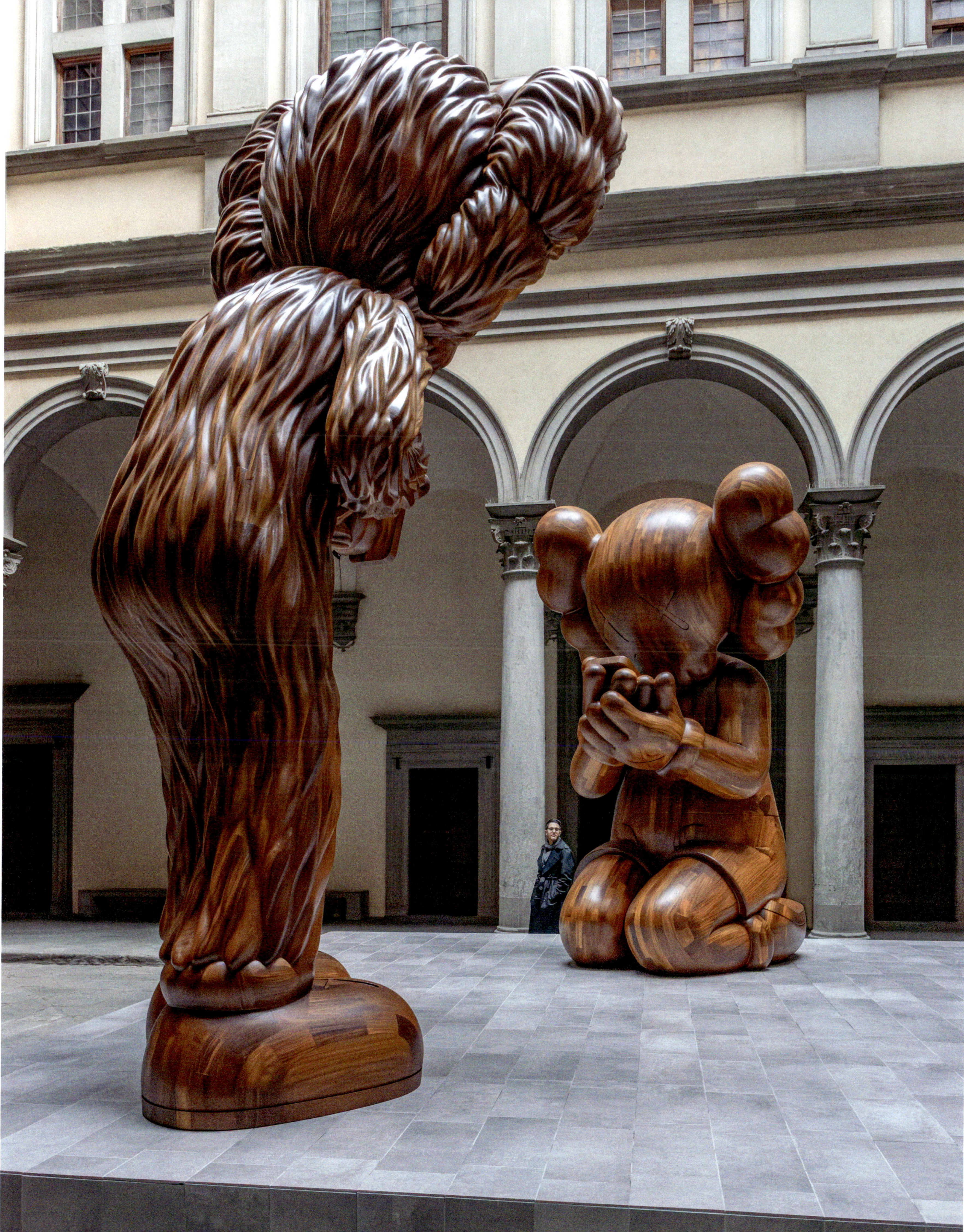

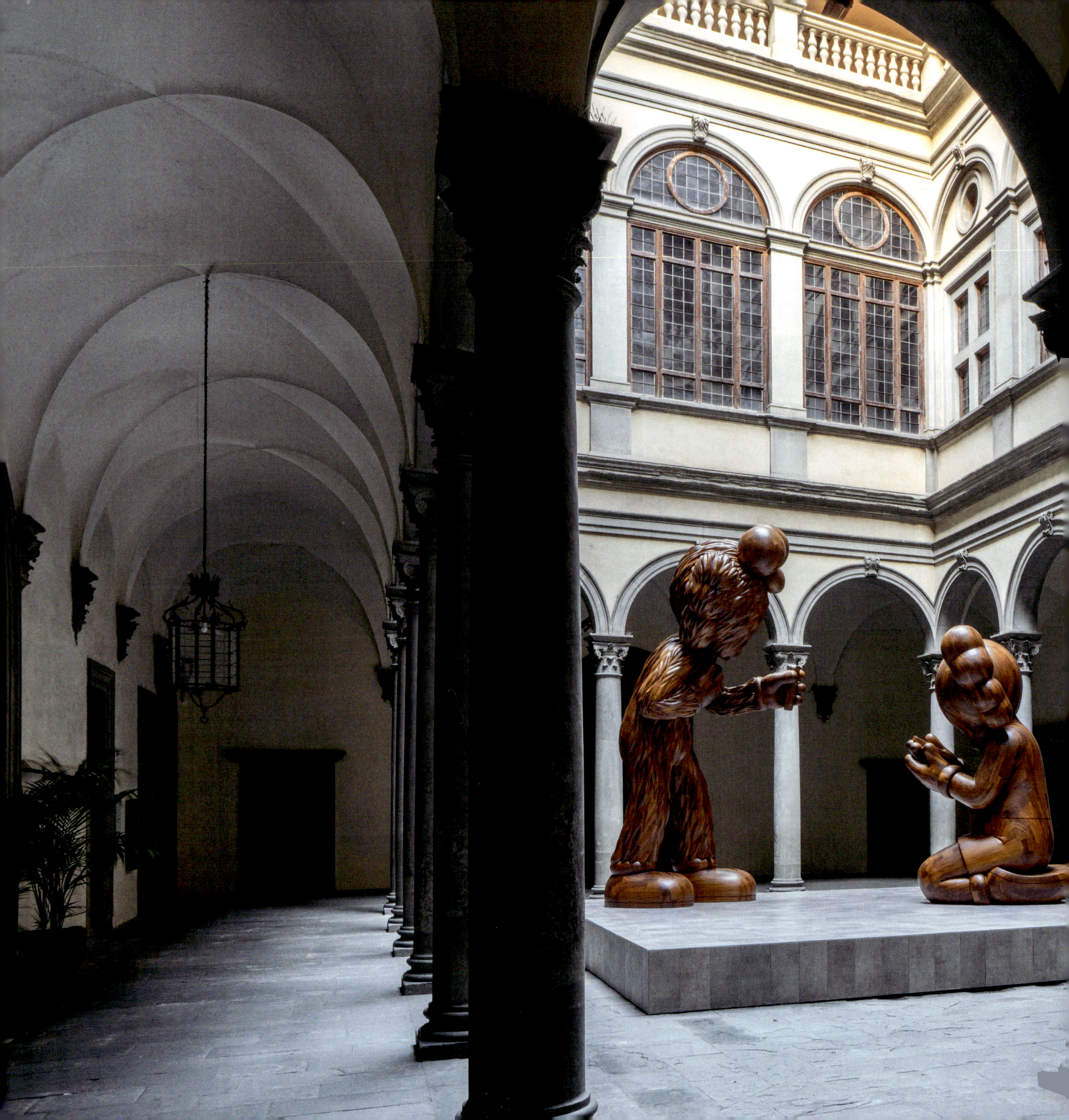

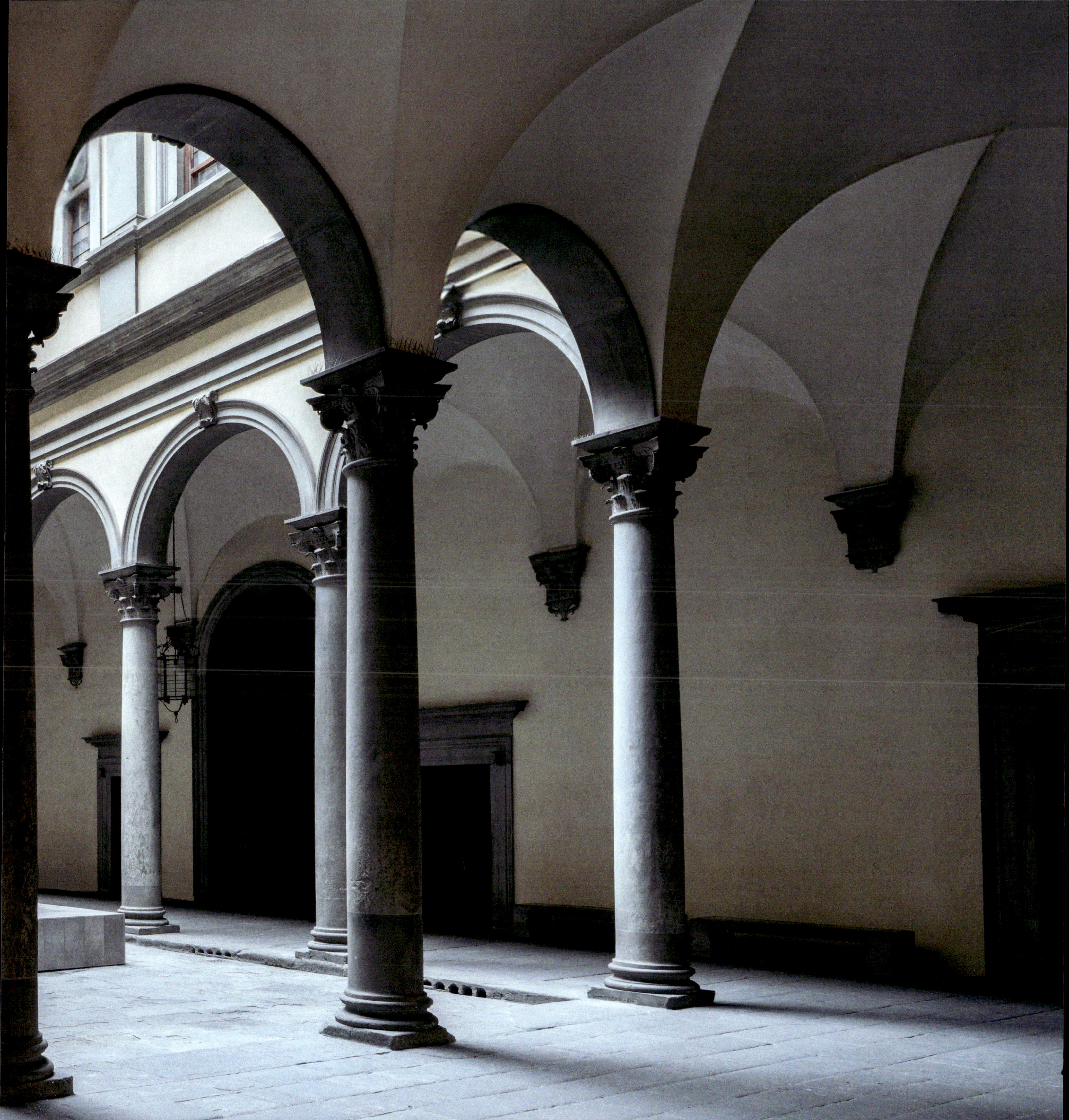

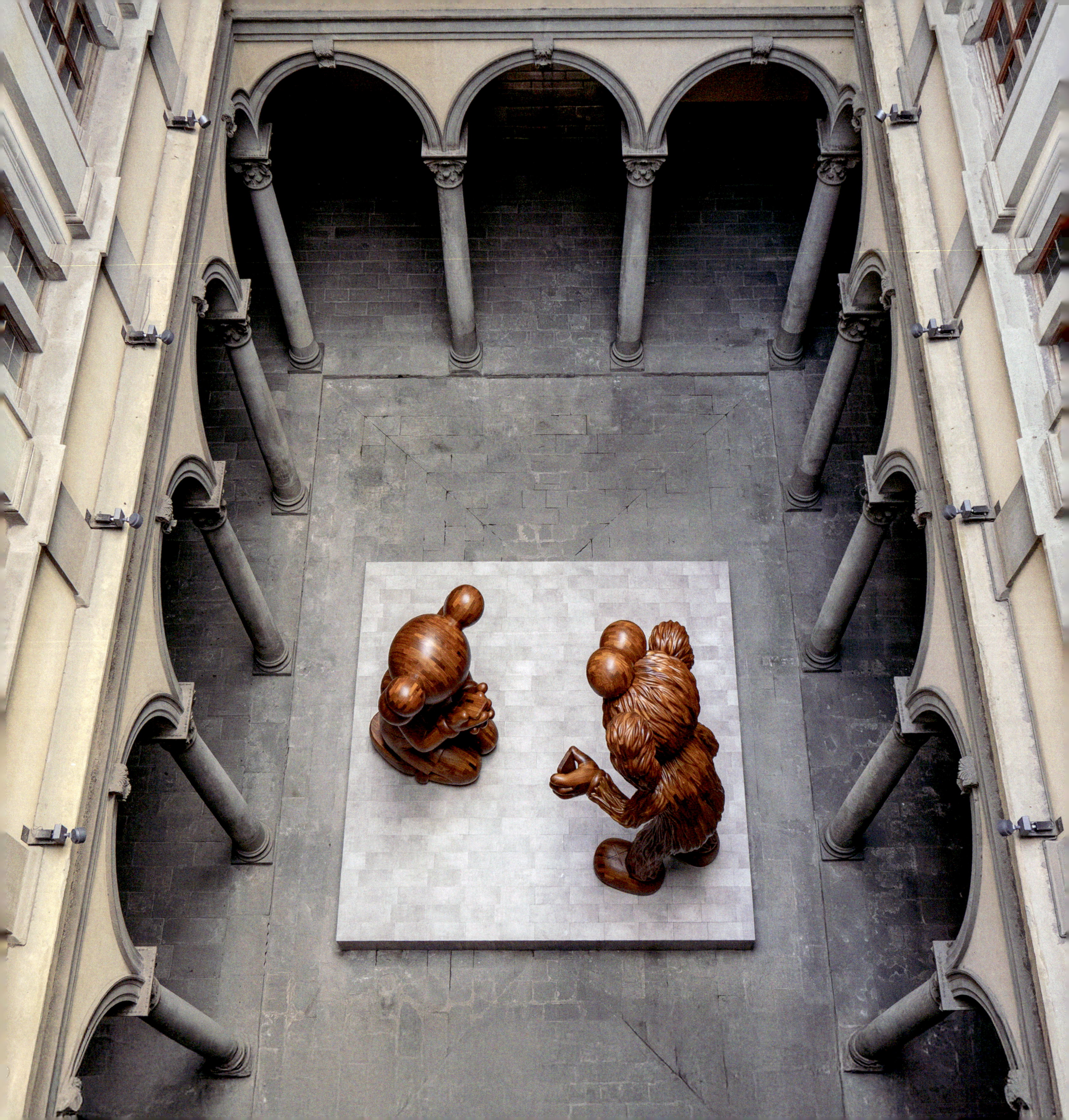